以文社

近代の〈物神事実〉崇拝について

——ならびに「聖像衝突」

ブリュノ・ラトゥール 著
荒金直人 訳

Sur le culte moderne des dieux faitiches *suivi de* Iconoclash

Faitiche

近代の〈物神事実〉崇拝について――ならびに「聖像衝突」　目次

近代の〈物神事実〉崇拝について——ならびに「聖像衝突」

エミリー・エルマンとヴァレリー・ピエに捧げる*

LE STATUAIRE ET LA STATUE DE JUPITER. Fable CLXXV.

前書き

一七五五年刊行の『寓話集』の美しい版の中で「彫像家とユピテル像」に添えられたジャン＝バティスト・ウドリによる版画、それ以上に、本書を開始するのに適したものがあるだろうか。多分この芸術家は、その寓話に感銘を受けて、ラ・フォンテーヌの意図を幾分か誇張したのだろう。彫刻家が夜明けに自分の工房に入り、前日彫り終えたばかりの彫像に怯えている。彼は茫然として両腕を広げ、雷の使い手が今にも自分を灰に帰すことを覚悟している。

そればかりかこの彫刻師は、
その像を仕上げるや否や、
自分が最初に身震いをし、
自らの作品を恐れたという[**]。

このように動揺してしまう素朴な芸術家をご存知だろうか。少なくともこの寓話作家は、それを

＊【本書では原注は数字、訳注はアステリスク（＊）で示す。】エミリー・エルマン（Émilie Hermant）は、臨床心理学者であり、『Paris ville invisible』（Les empêcheurs de penser en rond, Paris, 1999）のラトゥールの共著者で、ジョルジュ・ドゥヴルー研究所でトビ・ナタンの研究グループに属していた。ヴァレリー・ピエ（Valérie Pihet）は『Iconoclash（聖像衝突）』とその後続の展覧会『Making Things Public. Atmospheres of Democracy』（二〇〇五年）の協力者であり、二〇一〇年にはラトゥールと共にパリ政治学院の「芸術と政治における実験プログラム」（SPEAP）の設立に尽力した。

＊＊ ジャン・ドゥ・ラ・フォンテーヌ著『寓話集』第九巻第六寓話「彫像家とユピテル像」。Jean de La Fontaine, *Fables*, Livre IX, fable 6 : « Le statuaire et la statue de Jupiter »（邦訳では、ラ・フォンテーヌ著『寓話（下）』今野一雄訳、岩波書店、一九七二年、一六九－七一頁）。以下に拙訳を示す。「一塊の大理石がとても美しかったので、／ある彫像家がそれを買った。／彼は言った。「私ののみはそれを何にするだろうか。／神になるのか、テーブルか、それとも水受けか。／／神になるだろう。それも、／雷を手中にした神にしたい。／怯えろ、人間たちよ。祈るのだ。／それは地上の支配者だ。」／／その職人は、とても巧みに／偶像の特徴を表現したので、／もはやこのユピテルに欠けているのは、／言葉だけだと思われた。／／そればかりかこの彫刻師は、／その像を仕上げるや否や、／自分が最初に身震いをし、／自らの作品を恐れたという。／／この彫刻家の気の弱さに、／昔の詩人もほとんど劣ることはなかった。／自分が創作した神々の、／憎しみと怒りを恐れたのだ。／／この点においてその詩人は子供だった。／なぜなら子供たちはいつも、／自分の人形を怒らせはしまいかと、／絶え間のない心配に気を取られている。／／心は容易に精神に従う。／と言うのも、異教徒の過誤が、／この源泉から生まれ、／多くの民族の間に広がったのだ。／／彼らは空想の産物に、／激しい関心を抱いた。／ピュグマリオーンは恋に落ちた。／自分が生みの親である女神像を相手に。／／人は皆、自分自身の夢想を、／できる限り実在に変えようとする。／人間は真実に対しては氷のように冷たいが、／虚構のためには火のように燃え上がる。」

信じているように装う。と言うのも彼は、この素朴さが偶像崇拝という罪の起源でさえあると見做すのだ。

なぜなら子供たちはいつも、
自分の人形を怒らせはしまいかと、
絶え間のない心配に気を取られている。
心は容易に精神に従う。
と言うのも、異教徒の過誤が、
この源泉から生まれ、
多くの民族の間に広がったのだ。
彼らは空想の産物に、
激しい関心を抱いた。
ピュグマリオーンは恋に落ちた。
自分が生みの親である女神像を相手に。

これはよく言われることである。つまり異教徒たちは、自らの空想の産物に騙される子供であると。彼らは晩に、彫像や詩や人形や神話を作り、朝になると、それらのものが自然発生によってひとりでに作り出されたのだと信じ、それらに対して崇拝したり溺愛したりしなければならないと信じる。それらの創作者の誰もが、自分に何が起こっているのか理解していない。彫像家は自らの作品に、子供は自分の人形に恐れをなし、詩人は「自分が創作した神々の、憎しみと怒りを恐れたのだ。」ピュグマリオーンはと言えば、彼は愚鈍であるだけでなく、女神の像――大理石製の自分の娘――に恋をした近親相姦者でもある。彼らはいずれも、それ以来「物神崇拝《フェティシズム》」と呼ばれているものの典型的な事例を提供している。製作者が自らの製作物に操られるという、精神の病である。ラ・フォンテーヌは次のように締めくくる。

人は皆、自分自身の夢想を、
できる限り実在に変えようとする。
人間は真実に対しては氷のように冷たいが、
虚構のためには火のように燃え上がる。

寓話作家の筆による教訓としてはとても意外なものである。嘘をつかないためには、自分の夢想に決して実在性を与えないほど冷淡である必要があるのだろうか。理性の描写としては奇妙である。詩を持たない詩人、ユピテルの彫像を持たない彫刻家、自分の人形を持たない子供、偶像を持たない偶像崇拝者、そして寓話を持たない寓話作家を、想像しなければならないのか。理性的で率直になり、適温まで熱を冷ますために、自らの手による全ての作品を破壊することを強いられるのだろうか。しかしこれは、非理性の描写としては、更にありそうもない。なぜなら、自分自身の幻想に騙される前は、この詩の冒頭を読めば分かるように、創作者は全面的な自由を享受していたのだから。

一塊の大理石がとても美しかったので、
ある彫像家がそれを買った。
彼は言った。「私ののみはそれを何にするだろうか。
神になるのか、テーブルか、それとも水受けか。
神になるだろう。それも、
雷を手中にした神にしたい。
怯えろ、人間たちよ。祈るのだ。
それは地上の支配者だ。

何とも茫然とさせられる温度差である。自分の望むことなら何でもできるという全面的な自由を有していると信じ、次に自分の作品によって全面的に支配されてしまうような、ここまで循環気質の芸術家をご存知だろうか。人が創作するのは、このようにしてだろうか。我々が創造されたのは、このようにしてだろうか。我々の手に起因する存在物に我々が与える種類の命とは、このようなものだろうか。大理石のように冷静でいるために我々の手による作品の全てを破壊するのか、それとも我々自身の創作物によって支配されてしまうのか、それ以外の選択は本当にないのだろうか。あたかも物神崇拝《フェティシズム》と聖像破壊《イコノクラスム》の間には、いかなる通路もないかのように。

ラ・フォンテーヌは、間違いなく偶像崇拝者たちを嘲弄しているかもしれないが、しかしまた、彼らを素朴な者たちと見做して彼らの幻想に終止符を打つことができると思い込んでいる人々をも——したがって自分自身をも——嘲弄している。『寓話』の見事な版画家であるウドリは、確実にまず自分自身を、次にラ・フォンテーヌを、そして彫像家ならびに神々をも嘲弄している。なぜなら彼の図版の中では——お気付きになっただろうか——ユピテルもまた、自らの創作者の思いもよらない突然の到来に怯え、両腕を広げているのだから。

この寓話の中では全てが虚偽であり、全てが真実である。あるいはむしろ、全てが取り上げ直されるべきである。それが寓話であるのには正当な理由があるのだ。その版画が本書を象徴する図柄の役割を果たすのは、それが矛盾する二つの命令を我々に送るからである。その版画は一方で、熱い幻想と冷たい理性との間で選択しなければならないと我々に言うが、しかしまた、まさしく選択することが不可能であると、そして何らかの創作に着手するや否や全く別のことが起こっているのだと、我々に言うのだ。それゆえ、二重の矛盾がある。第一の矛盾は公認のものである。第二の矛盾は非公認のもので、芸術作品の中に折り畳まれているかのようである。

近代人たちの興味深い特徴は、ある自動温度調節装置を夢見ているのにも拘らず、それを一度も調整することができなかったという点である。したがって、もし彼らについての人類学を描こうとするのなら、ラ・フォンテーヌが提案するように、彼らの寓話を解読し、彼らが物神崇拝《フェティシズム》と聖像破壊《イコノクラスム》の間の秘密の通路を、自分たちも知らずに発見してはいないかと問わなければならない。

この二重の矛盾について調査するために、私はここで、有り合わせのもので幾分か自作した二つの概念を提案する。まずは「物神事実」(faitiche)の概念、次に「聖像衝突」(iconoclash)の概念である。これらがかなり特殊な二つの「現場」からの帰結であったことが理解されれば、このような新造語を用いることも容認してもらえるのかもしれない。第一の現場とは、ドゥヴルー研究所で私が行った研修であり、それは一九九五年に約一年間、トビ・ナタンの民族精神医学の診療の中で為された。私は、物神について言われていたことを、現代の一種の「物神製作者」の技術的な仕事と突き合わせてみたかった。私はそれを元に一冊の短い本を書いた[1]が、既に絶版となっているので、幾つかの注を付け、文献目録を更新し、一つの節を追加した以外は何も変えずに、今回それを再刊行する。しかし次に私は、何人かの友人と共に運営委員となった二〇〇二年の展覧会『聖像衝突』を準備する際に、四年間にわたってその同じ問いを改めて取り上げる機会を持った。物神事実の概念が私に信仰への信仰*を疑うことを可能にしたのに対して、聖像衝突の概念は、我々が聖像破壊の行為を中断してその歴史を探ることを可能にした。つまり我々は、聖像破壊的な展覧会を新たに一つ企画する代わりに、聖像破壊についての展覧会を開催したいと考えたのだ。その豪華なカタログには英語版しかなかったので(そして絶版となったので)、その序論[2]をここに収録することが有用だと考えた。

このようにして構成された本書は、信仰批判と批判信仰という二つの反射的な概念を、もちろん暫定的にではあるが中断すること、そのことだけを読者に要求している。これが、我々の手に起因する存在物の厳密な性質へと注意を集中するために、そして、いかなる意味で我々が確かに「自らの行為の所産」であると告白しなければならないのかを理解するために、私が見出した唯一の方法である。[3]

---

(1) Bruno LATOUR, *Petite Réflexion sur le culte moderne des dieux faitiches*, Paris : Les Empêcheur de penser en rond, 1996.

(2) « What is Iconoclash? or Is there a world beyond the image wars? » *in* Bruno LATOUR and Peter WEIBEL, *Iconoclash, Beyond the Image Wars in Science, Religion and Art*, Cambridge, Mass. : MIT Press, 2002.（フランス語訳は Aude Tincelin による。）

(3) 物神事実（faitiche）は、エティエンヌ・スーリオが「創設（instauration）」と呼ぶものに極めて近い概念である。Étienne SOURIAU, *Les différents modes d'existence*, Paris : PUF, 1943 (réédition en 2009 avec une préface d'Isabelle Stengers et de Bruno Latour, Paris : PUF).

* 「信仰への信仰」は「la croyance en la croyance」。この「croyance」（信仰）という語は、必ずしも宗教的な意味での「信仰」を表すのではなく、文脈によっては、より広く、何かを真であると見做して「信じること」を表す。ただし本書では、この「信じること」一般が物神崇拝との関係の中で考察されているということと、この語が非常に重要な役割を演じているので統一の訳語を用いるべきであるという判断から、原則的に「信仰」と訳している。

近代の〈物神事実〉崇拝について

序文

「大西洋の北側の沿岸地方に住む明るい色の肌をした諸民族は、神々に対する特殊な形態の崇拝を実践しているという。彼らは他の諸国民のもとへ遠征して、現地の神々の彫像を強奪し、「物神《フェティッシュ》！　物神《フェティッシュ》！」という言葉で罵声を浴びせながら、巨大な薪の山でそれらを燃やして破壊する。その言葉は、彼らの野蛮な言語で、「偽造、戯言、虚構」を意味するようである。彼ら自身の国はいかなる物神も有しておらず、他の国々を物神から解放する使命をただ自発的に受け入れたのだと彼らは断言するが、それにも拘らず、彼らの崇拝対象は極めて強力であるように思われる。と言うのも、彼らの遠征は、敵対する神々にこのように攻撃された諸民族を恐れさせ、怯えさせている。その神々を彼ら自身はマウ・ディンと呼んでいるが、その権力は神秘的かつ無敵であるように思われる。彼らは自分たちの国に多くの神殿を建てたようで、その内側で行われる崇拝は、外側での崇拝と同じくらい奇妙で恐ろしく、野蛮なものらしい。彼らは、代々繰り返されてきた盛大な儀式の中で、槌を使って自分たちの偶像を破砕し、その後で、自分たちが解放され、生まれ変わり、祖先も支配者もいない状態になったと宣言する。彼らはこれらの儀式から大きな利益を引き出しているようだ。なぜなら彼らは、その間ずっと、彼らの全ての神々から解放され、六つの王国と三十六の冥府の力に四大要素の力を混ぜ合わせて、彼らが欲する全てのことを為すことができる。しかも、このようにして引き起こされた暴力行為に対して、自分たちの責任を少しも感じないのである。この乱痴気騒ぎが一旦収まると、彼らは大きな絶望感に陥り、破砕された彼らの彫像の足元で、そこで起こる全てのこと、彼らが「人間性」もしくは「自己に対して自由な主体」と呼ぶ全てのことに関して、責任を感じるしかないか、あるいは逆に、彼らはいかなるものに対しても責任を負っておらず、彼らが「自然」もしくは「一切の原因としての対象」――これらの用語は我々の言語には上手く訳せない――と呼ぶものによって、その全体が引き起こされているのだと、信じるしかないという。それで、自らの大胆さに恐れをなしたかのように、そして自らの絶望感に終止符を打つために、彼らは、自分たちが破砕したばかりのマウ・ディンの神々を修復し、数え切れないほどの奉納物と生贄をそれらに捧げ、我々が樽板に施すような仕方で鉄の輪を嵌めて固定して、改めてそれらを方々の十字路に据え付けるのである。そして最後に、彼らは自分たちの姿に似せて、つまり彼らと同じように、自分が作った全てのものの絶対的な支配者として、あるいは、他の時には、全く存在しないものとして、神を作り上げたのだという。この野蛮な諸民族は、行動するということが何を意味するのか理解していないようである。」

――『十八世紀中葉、朝鮮王朝によって清に派遣された評定官デオバレによる報告書』

第一部　魔力を持つ対象、事実としての対象

いかにして近代人は新たに接触する集団のもとに物神を作るのか

自由思想家たる我々の先人たちは、我々の狂気的な信仰と他の集団の狂気的な信仰を同時に嘲弄するための揶揄を我々に伝え残した。その揶揄の語調は、他の思想家たちに続いてヴォルテールによって決定付けられたのだった。しかし、全ての崇拝をこのように嘲弄し、全ての偶像を打ち倒すためには、それら全ての狂気が誤りであることを立証することのできる唯一の力としての理性を信じなければならなかった……。理性も信仰も信じることなく、物神と事実の両方を尊重しながら、我々と他の集団とを対称的に語るには、どうすれば良いのだろうか。私は、不器用にかもしれないが、そのことに挑戦してみたい。そのために、信仰という概念をもう決して信じない、最も根本的で、とりわけ最も尊重的な仕方として、不可知論を定義することを提案する。

モンテーニュ以来周知のことであるが、信仰とは精神状態のことではなく、人間集団間の諸関係

の効果のことである。訪問者は知っているが、被訪問者は信じている。または逆に、訪問者は知っていたが、被訪問者は訪問者が知っていると信じていたのだと彼に理解させる。この原則を近代人たちの場合に適用しよう。彼らが投錨する至る所で、彼らは物神を立ち上げる。すなわち彼らは、遭遇する全ての民族を無価値な対象の崇敬者と見做すのである。近代人たちは、いかなる客観的事象によっても説明できないその奇妙な崇敬について自分たちが納得できなければならないので、未開人が外部にではなく内部に起因する精神状態を持っていると仮定する。それゆえ、植民地化の前線が進むにつれて、世界は信者だらけになる。近代人とは、他の人々が信じていると信じている人のことである。不可知論者は、逆に、信じなければならないか否かを自問するのではなく、なぜ近代人は他の人々と関係を持つ際に信仰という概念をこれほどまで必要とするのかと自問する。

糾弾が始まるのはアフリカ大陸黒人居住地域沿岸、ギニアのどこかであり、それは、聖母マリアや聖人たちのお守りに覆われたポルトガル人たちによって行われた。黒人たちが物神を崇敬していると言うのだ。「あなたたちが尊んでいる石や粘土や木で出来たそれらの偶像は、あなたたちの手で作ったのですか。」という最初の質問に答えるようにポルトガル人たちに命じられ、ギニア人たちは躊躇せずに、その通りだと答える。「石や粘土や木で出来たそれらの偶像は、本物の神々なのですか。」という二番目の質問に答えるように命じられ、その黒人たちは全く無邪気に、無論その通りだと答える。そうでなかったなら、彼らはそもそも自分たちの手で偶像を作るようなことはしなかっただろう。ポルトガル人たちは眉をひそめ、しかし細心綿密に、証拠なしで断罪することを望まず、そのアフリカ人たちに最後の機会を与える。「あなたたちは、自らの物神を作ったということと、それらの物神が本物の神々であるということを、同時に言うことはできませんよ。選ばなければなりません。一方か他方かのどちらかです。そうでなければ、あなたたちは頭が空っぽで、矛盾律にも偶像崇拝の罪にも鈍感だということになりますよ。」そう言ってポルトガル人たちに憤慨する。そして黒人たちは茫然と沈黙する。黒人たちは、矛盾を見出すことができずに困惑することで、自分たちが完全で全幅の人間性からどれだけ多くの段階を引き離されているのかを証明してしまう……。質問に急き立てられて、彼らは、自分たちで偶像を作ったのであり、それゆえにそれらの偶像は確かに本物の神々なのだと、執拗に繰り返す。多くの不誠実を前にしたポルトガル人たちの嘲笑、愚弄、嫌悪感。

ギニア沿岸地方の黒人たちの無分別を示し、自分たちの誤解を埋め合わせるために、（極めてカトリック教徒的で、探検家で、征服者で、幾分か奴隷商人である）ポルトガル人たちは、「する／作る」を意味する動詞〔fazer〕の過去分詞「フェイートゥ（feito）」に由来する形容詞「フェイチース（feitiço）」を用いたのだろう。この語は、形状、形態、外形を意味し、加えて人工的、製作されること、作りもの、更には魅惑されること、魔法に掛けられることを意味する。[1]語源は、（黒人たちと同様に、）作業を通じて具体化するものと、その同じ作業の中で作られる策略との間で選択することを、最初から拒否している。この拒否、この躊躇が、幻惑を引き起こし、魔力を誘発する。その起源に関しては全ての語源辞典が一致した見解を示しているのにも拘らず、一七六〇年に

「フェティシスム（fétichisme）」という語を考案したド・ブロス部長評定官は、以下のように、この語の起源を〔ラテン語の〕「ファートゥム（fatum）」つまり運命に結び付けている。この「ファートゥム」という語は、〔フランス語の〕「フェ（fée）〔妖精〕」という実詞ならびに形容詞（例えば「オブジェ・フェ（objet-fée）〔魔力を持つ対象〕」と言う場合は形容詞）を生み出した。

アフリカ大陸西海岸の黒人たち、更にはエジプトに隣接するヌビアの地域に至るまでの内陸の黒人たちは、ヨーロッパ人たちが「フェティッシュ」〔物神〕と呼ぶある種の〈神々〉を崇敬の対象にしている。この「フェティッシュ」という用語は、魔力を持った物、魔法に掛けられた物、神聖な物、あるいは信託を告げる物を意味するポルトガル語のフェティッソ（Fetisso〔原文のママ〕）という語に基づいて、セネガルと貿易をする我々の商人たちによって作り上げられたものであり、ファートゥム（Fatum）、ファーヌム（Fanum）、ファーリ（Fari）〔「運命」、「聖域」、「言う」〕というラテン語の語根に由来する。[2]

どの語根を好もうとも、威嚇的な選択はそのまま残っており、ポルトガル人たちはそれについて念を押し、黒人たちはそれを拒否する。「神託を告げているのは誰なのですか。言葉を発しているのは人間ですか、それとも魔力を持つ対象それ自体ですか。その神は実在するのですか、それとも人工的なものなのですか。」被告人たちは躊躇せず、「その両方です。」と答える。彼らにはその対立が理解できないのだ。征服者たちは、それ以上に躊躇することなく、「選ばなければなりません。」と断言する。この語の二つの語根は、その対象の両義性をそれなりに示している。それは物を言う対象であり、作られる対象であり、あるいはこの二つの意味を一つの表現に混ぜ合わせるな

（1） ポルトガル語の辞書『アウレリオ』〔*Novo dicionário Aurélio*〕には以下の定義が示されている。（ポルトガル語の「フェイチース」（feitiço）自体がド・ブロス部長評定官を介してフランス語に由来することに注目せよ。）

— feitiço（feito+iço から）形容詞 1. artificial, factício〔人工的な、人為的な〕、2. postiço, falso〔作り物の、偽りの〕、〔名詞〕3. malefício de feiticeiros〔魔術師の呪文〕、4. bruxaria〔魔術〕を参照、5. fetiche〔物神〕を参照、6. encanto, fascinação, fascínio〔魅力、魅惑、魅了〕。« Virar o feitiço contra o feiticeiro »〔魔術師に魔術を向ける〕（ことわざ）。

— feitio〔eito+io から〕. forma, figura, configuração, feição〔形、姿、形状、様相〕。

— fetiche. 1. objeto animado ou inanimado, feito pelo homem ou produzido pela natureza, ao qual se atribui poder sobrenatural e se presta culto ; ídolo, manipanso〔人間によって作られた、あるいは自然によって生み出された、超自然的な力が付与され崇拝の対象となる、生物または無生物。偶像、アフリカの偶像〕、（以下はフランス語と同じ）。

同じ「ファットゥラーレ（fatturàre）」という動詞に⑴偽造する、変造する、⑵請求書を作成する、⑶魔法を掛ける、の意味を与えるイタリア語の素晴らしさに注目せよ。

（2） Charles DE BROSSES, *Du Culte des dieux fétiches* (1760), réédition Corpus des Œuvres de Philosophie, Paris : Fayard, 1988, p. 51.〔シャルル・ド・ブロス著、杉本隆司訳『フェティシュ諸神の崇拝』法政大学出版局、二〇〇八年、十一頁。〕ド・ブロスによって提案された語源は他のいかなる場所でも採用されていない。「fée」と「fétiche」という二つの語の間の混交と考えられるだろうか。

ら、物を言わせる対象である。そう、物神は物を言わせるものである。

アフリカ人たちが言葉を切り返さなかったのは残念だ。ポルトガルの密売人たちに対して、彼らが持っている聖母マリアのお守りは彼らが作ったのか、それとも天から直接降ってきたのか、尋ねてみてもらいたかった。「我々の金銀細工師たちによって巧みに入念に彫琢されたのです。」と彼らは堂々と答えたことだろう。そして黒人たちは、「だからと言ってそれらは神聖なものなのですか。」と尋ねただろう。――「もちろんです。ノッサ・セニョーラ・ドス・レメディオス教会で、王の臨席のもと、大司教によって厳かに祝別されたのですから。」――「もしあなたたちが、金銀細工師のるつぼの中で金や銀にある形状が与えられるということと、あなたたちの聖像が神聖な性質を有しているということを、そのように同時に認めるのなら、私たちはそれと異なることを言っているのではないのに、なぜ私たちが矛盾を犯していると言って糾弾するのですか。あなたたちは物神に、より強力な物神を対置しているのです。」――多くの破廉恥によって再び憤慨したポルトガル人たちは、「涜聖だ。破砕すべき偶像と祈るべき聖像を混同することは誰にもできません。」と答えたことだろう。

少しばかりの対称的人類学が現れて彼らを苦境に陥れたようにも思われるが、しかしながらその苦境から救い出してもらうために、彼らが神学者に助けを求めると考えてみよう。と言うのも、「崇拝《ラトリア》」と「崇敬《ドゥリア》」の区別を黒人たちに教えるためには、繊細な学者が必要なのだ。* 神学者は次のように教理を説くだろう。「敬虔な像は、模範についての記憶を呼び戻すだけなので、それ自体としては何物でもありません。その模範のみが正当な崇拝の対象でなければならないのです。ところが、あなたたちの化け物のような偶像は、あなたたちが言うには神々そのものなのでしょうが、あなたたちは軽率にもそれらの神々を一から作り上げていると認めています。」しかしそもそもなぜ、単なる未開人たちを相手に、神学的な議論に巻き込まれるのか。回りくどい話をすることを恥に思い、神聖な熱意に捕らえられたその神学者は、偶像を打ち倒し、物神を燃やし、次に、消毒された原住民の小屋の中で、苦しむキリストとその聖なる母の〈真の像〉を聖別することだろう。

たとえこの想像上の対話の助けを借りなくても、偶像崇拝者である黒人たちが像を持たないポルトガル人たちに対立しているのではないということは、よく理解できる。我々は、お守りに覆われた人々がお守りに覆われた他の人々を嘲笑する姿を目の当たりにしているのだ。一方に聖像愛好者たちがいて他方に聖像破壊者たちがいるのではなく、一方に聖像崇敬者たちがいて他方に他の聖像崇敬者たちがいる。しかし、各々が独自の用語に従って選択することを拒否するので、いつまでも誤解が残る。ポルトガル人たちは、真の信仰対象と、生け贄の油と血で覆われた凶悪な仮面との間で、躊躇することを拒否する。どのポルトガル人も、黄金海岸〔アフリカ西海岸ギニア湾沿岸〕では、〈黄金の子牛〉に対してモーセが抱いたのと同じ憤慨に満ちた熱意に捕らえられる。「偶像は、目はあっても見ることはできず、耳はあっても聞くことはできず、口はあっても話すことはでき

＊「ラトリア（崇拝）」は神のみに捧げられる礼拝、「ドゥリア（崇敬）」は聖人や聖像に捧げられる礼拝。

い*。」ギニア人たちはと言えば、彼らには、打ち倒された物神とそれに代わって建てられた聖像との違いがよく分からない。言わば既に相対主義者であった彼らは、ポルトガル人も彼らと同じことをしていると考える。ポルトガル人たちの見解では、まさにこの無差別ないし無理解がギニア人たちを地獄に落とすのだ。その野蛮人たちは、「崇拝《ラトリア》」と「崇敬《ドゥリア》」の違いさえも認識せず、彼らの物神と侵略者たちの神聖な聖像との違いさえも認識しない。彼らは、人間による人工物の構築を、決して誰も構築していないものの決定的な実在性から分かつ深淵を、把握することを拒否する。内在性と超越性の違いさえも彼らには見逃されているようだ……。どうすれば彼らを未開人と見做さず、物神崇拝を未開宗教と見做さないことができようか(3)。

何しろその野蛮人たちは、悪魔のように頑なに誤りを改めようとしないのだ。その三世紀後、現代のリオ・デ・ジャネイロでは、黒人とポルトガル人の混血の女性たちが、自分たちの神々が構築され、製作され、「据えられている」ということと、それゆえにそれらが実在的であるということを、あくまで一息で同時に言おうとする。人類学者パトリシア・デ・アキノは、カンドンブレ〔アフリカ起源のブラジルの民間信仰〕の入門者たちの証言を収集し、以下のように翻訳している。

« Eu fui raspado para Osala em Salvador mas precisei *assentar* Yewa e mãe Aninha me mandou para o Rio de Janeiro porque já na época Yewa era por assim dizer um Orisa em via de extinção. Muitos já não conheciam mais os oro de Yewa. »

「私はサルヴァドールでオサラ**へ刈り込まれました（入門しました）が、イェワを据える必要がありました（イェワは神格化を通じて据えられ、配置され、作られることを求めました）。そして母なるアニーニャ（証言者の入門指導者）は私をリオへ送りました。なぜなら、その当時既にイェワは、言うなれば絶滅しつつあるオリサ***だったのです。多くの人々はもはや「オロ」〔ヨルバ語で呪文と祭式〕を知りませんでした。」

« Eu sou de Oba, Oba quase que já morreu porque ninguém sabe *assentar* ela, ninguém sabe *fazer*, então eu vim para cá porque aqui eu fui raspada e a gente não vai esquecer os awo para *fazer* ela. »

「私はオバ****の者です。誰もオバを据える術を知らず、作る術を知らないので、オバはほとんど既に死んでしまっています。だから私はここに（このカンドンブレに）来ました。なぜなら、私はここで刈り込まれたのです。人はオバを作るための「アオ」〔ヨルバ語で秘密〕を忘れはしませ

（3）ピーツがド・ブロス部長評定官の創案を見事に総括している。William PIETZ, *Le Fétiche. Généalogie d'un problème*, Paris : Kargo & L'Éclat, 2005.

＊　詩編115と135を参照せよ。

＊＊　オサラまたはオシャラ（Oxala）、太陽神。

＊＊＊　オリサまたはオリシャ（Orixa）、カンドンブレの神々を指す言葉。

＊＊＊＊　オバタラ（Obatala すなわち天）のことだろうか。

ん[4]。」

我々の心のうちにいつも潜んでいる反物神崇拝者は、これらの言葉の不謹慎を甘受することができない。我々に見ることのできないその製作、その「ファゼーフ（fazer）〔作ること〕」を隠しなさい。どうしてあなたは、あなたを捕らえながらもあなたから逃れるそれらの神々を、製作し、据え、位置付け、構築しなければならないと、そんなに落ち着き払って白状することができるのか。つまりあなたは、あなたに由来するものを構築することと、他の場所に由来するものを受容することの、違いを知らないのか。

ポルトガル人たちは、上陸する至る所で同様の不謹慎に衝撃を受け、物神崇拝を、素朴さか冷笑的態度のどちらかに関係付けて理解せざるを得ない。もしあなたが自分の物神を一から作り上げていることを白状するのなら、それは、操り人形の演者がするように、あなたが陰で糸を引いていることを認めることになる。あなたは、他の人々を驚嘆させるために、物神を密かに仕組んでいるのだ。そして大衆信仰を裏で操作することで、あなたは、諸宗教の長大な歴史を作り上げていると反教権主義者たちが見做すような、聖職者や偽造者たちからなるその一群に加わるのだ。さもなければ、もしあなたが自分自身の操り人形によって驚かされてしまっているのなら、そして操り人形たちの（あるいはむしろ自分の）茶番を信じ込んでいるのなら、それは、あなたの素朴さを証明する。その素朴さゆえにあなたは、いつまでも信じやすく騙され続ける群衆に加わり、その一員となる。その群衆が、上述の明敏な反教権主義者たちによれば、諸宗教の歴史の実動部隊を形成しているのだ。(5) フォントネルやヴォルテールやフォイエルバッハのような人々*の口からは、いつも同じ威嚇的な選択が表明される。「あなたは冷笑的に陰で糸を引いているか、さもなければ騙されているか、そのどちらかだ。」あるいは更に素朴な仕方で、それはあなたによって構築されているか、さもな

（4）Patricia DE AQUINO（個人的に伝達された情報による）。彼女の専門研究課程（DEA）論文「カンドンブレにおける人格形成（La construction de la personne dans le candomblé）」（リオ・デ・ジャネイロ、国立博物館、一九九五年）から抜粋したこの資料の使用許可に対して彼女に感謝する。以下の文献も参照せよ。Patricia DE AQUINO et José Flavio PESSOA DE BARROS, « Leurs noms d' Afrique en terre d' Amérique », *Nouvelle Revue d'ethnopsychiatrie*, 24, 1994, pp. 111-125. 引用文中の « um Orisa em via de extinção » というのは絶滅危惧種を示す環境保全的な表現である。

（5）ポール・ヴェーヌは、素朴な信仰を素朴な信仰〔それ自体〕の中へ投げ返すことで、全ての文化を、相互に関係を持たず事物自体とも関係を持たない通約不可能な諸世界を作るデミウルゴス的な創作者と見做すことでしか、上述の二者択一から逃れていない。Paul VEYNE, *Les Grecs ont-ils cru à leurs mythes ? Essai sur l'imagination constituante*, Paris : Seuil, 1983.〔ポール・ヴェーヌ著、大津真作訳『ギリシア人は神話を信じたか――世界を構成する想像力にかんする試論』法政大学出版局、一九八五年。〕「人間の構成的想像力に、神的な構成力、すなわち事前の模範なしに創造する力を与えさえすればよい」（p.137／邦訳二三三頁）。知識と信仰の間の、神話と理性の間の違いは確かに廃棄されたが、その引き換えに、創造的想像力への全般的な転換が課されることになり、しかもこの想像力は、ニーチェ的な力への意志と明確に結び付けられている。「それら〔神話的な教義〕は、自然の所産と同じ組織化能力の領域に属している。つまり一本の木は真でも偽でもなく、ただ複雑なのだ」（p.132／邦訳二二四頁）。最も強固に反宗教的な人々にさえもやはり影響を与えている「神的な力」の典型に関しては、〔『ギリシア人は神話を信じたか』の〕最終章を参照せよ。

ければ正しいか、そのどちらかだ。(6) それに対して、カンドンブレに刈り込まれた信徒たちは次のように述べる。« Eu sou de Dada mas como não se sabe *fazer* Dada, a gente entrega a Sango ou Osala par eles pegarem a cabeça da pessoa » つまり、「私はダダの者ですが、ダダを作ることのできる人がいないので、サンゴ**かオサラが人を指導するようにします……。」 信徒たちは、完全に自立しているのでも完全に構築されているのでもない何かを示している。それに対して信仰という概念は、この繊細な操作を、物神と事実の間に掛けられた脆弱な橋を、二つに切断する。そしてこの概念は、近代人たちが他の全ての人間集団を素朴な信者たちや、裏で操る巧みな人々や、自らを欺く冷笑的な人々と見做すことを可能にしている。そう、近代人たちは偶像に耳を傾けることを拒否し、それらをココナッツのように割り、そのそれぞれの片割れから二つの形式の欺瞞を引き出している。他人を騙すことができるという欺瞞、そして自分を騙すことができるという欺瞞。近代人たちは、他の人々を理解するために信仰の存在を信じる。しかし信徒たちは、他の人々を理解したり自分たちを理解したりするために信仰の存在を信じているのではない。この信徒たちの考えを取り戻して、我々がそれを使うことは可能だろうか。

いかにして近代人は自分たちのもとで物神を構築するに至るのか

信仰の存在を信じない人々の教えに従うことを受け入れるなら、我々は、近代人たちも沿岸地方の黒人たちと同様に信仰の存在を信じていないということに気付く。白人たちは、野蛮人たちの物神崇拝を糾弾するが、だからと言って素朴な反物神崇拝者なのではない。彼らを素朴な反物神崇拝者と見做すことは、別の問題を引き起こすことになるだろう。つまり、我々は黒人たちを信仰から救い出し、その信仰とは今や白人が自分たちに理解できない物事に対して行った糾弾に他ならないということになるが、しかし今度は、その白人たちを素朴さの深淵に陥れることになるだろう。白人たちは他の人々が信じてしまっていると信じてしまっている、ということになるだろう。つまり我々は、白人たちを黒人たちとして理解することになるのだ。前節で我々が物神崇拝者たちに対して行ったばかりのことを、今度は反物神崇拝者たちに対しても行い、前者に対して寛容であったのと同じくらい、後者に対しても寛容でなければならない。

さて、物神崇拝に対する糾弾が沿岸地方の黒人たちの実践をいかなる点においても描写していな

（6） ただし、サルトルの言う「卑劣漢」の「自己欺瞞」は、その一方から他方への移行を行うことを可能にする。このような案配についてどう考えるべきかは、後で改めて検討する。

＊ フォントネル（Bernard le Bovier de Fontenelle, 1657-1757）はフランスの著述家・思想家であり、科学的知識の啓蒙書を多数出版し、『神託の歴史』（1687）では聖職者たちの欺瞞を批判した。ヴォルテール（Voltaire, 本名 François-Marie Arouet, 1694-1778）は啓蒙主義を代表するフランスの思想家であり、理神論の立場から教会を批判した。フォイエルバッハ（Ludwig Andreas Feuerbach, 1804-1872）はドイツの哲学者であり、唯物論的な立場からキリスト教に対して激しい批判を行った。

＊＊ サンゴまたはシャンゴ（Xango）、オシャラの長男で雷神。

いのと同様に、反物神崇拝への要求は白人たちの実践を全く説明していない。白人たちは、物神を破砕するために大掛かりな仕組みを設置する至る所で、黒人たちと同様に、構築されたのか収集されたのか、内在的なのか超越的なのか、どちらとも言えない同じ不確かな諸存在の産出を繰り返している。[7] 例えば、何も為さないという理由で糾弾されている物神的な対象が、しかしながら為すことのできる全てのことについて検討してみよう。

どのように反物神崇拝者を定義すべきだろうか。それは、他人を物神崇拝者として糾弾する人のことである。その非難の内容は何だろうか。その糾弾によれば、物神崇拝者は力の起源について思い違いをしているという。物神崇拝者は、自分自身の人間的な作業、自分自身の人間的な諸幻想、自分自身の人間的な諸力を通じて、自らの手で偶像を作った。しかし彼は、その作業、その諸幻想、その諸力を、自分が作った対象それ自体に帰する。物神は、少なくとも反物神崇拝者から見れば、言わばオーバーヘッド・プロジェクター（ＯＨＰ）のような仕方で振舞っている。映像は、光源から光を受けて輝くレンズ上に教授が透過紙を置くことに起因するのだが、あたかも教授もプロジェクターも何の役にも立っていないかのように、スクリーンから聴講者たちへ向けて湧き出てくる「ように見える」。魅惑された観覧者たちは、その映像が有していない「自立性をそれに帰する」。したがって、物神崇拝を打倒するということは、結局、転倒を反転させ、像を修正し、行為の主導権をその真の主導者へ返すということである。しかしながら、道行く中で、真の主導者は途中で姿を消してしまったのだ。何物でもなかった対象が確かに何かを為す。行為の起源はと言えば、それは今や、恐ろしく錯綜した相続争いの中で失われてしまう。

と言うのも、反物神崇拝者は、偶像が効力を持たないことを暴くや否や矛盾に陥ってしまい、そこから抜け出すことができなくなるのだ。物神など何でもないと主張するまさにその時に、物神は作用し始め、全てを移動させ始める。物神は、とりわけ力の起源を反転させることができる。それどころか、反物神崇拝者たちによれば物神の効果はその製作者が物神の起源を知らない場合にのみ効力を持つので、物神は自らの製作を完全に隠蔽することができるはずである。物神のおかげで、魔法の杖のたった一振りで、その製作者は、冷笑的に裏で操る人物から、騙されてしまった誠実な人物へと変身することができる。このようにして物神は、そこから人間が作り出すもの以外の何物でもないのにも拘らず、しかしながら、ちょっとした何かを付け加える。つまり物神は、行為の起源を反転させ、裏で操る人間的な作業を隠蔽し、創作者を被造物へと変化させる。[8] これほど多くの驚嘆すべきことを為すことのできる対象の効力を、いかにして否定できようか。

---

(7) ミシェル・セール著『彫像』の中の彫刻家の槌についての見事な章を参照せよ。Michel SERRES, *Statues*, Paris : François Bourdin, 1987, p. 195 et sq.〔ミッシェル・セール著、米山親能訳『彫像——定礎の書』法政大学出版局、一九九七年、一九〇頁から。〕ミケランジェロの『ピエタ像』について論じながら、セールは以下のように記す。「死んだキリストの手と足に残された穴、脇腹に口を開いた傷、槍の痕跡や、槌で打ち込まれた釘の痕跡、それらは、一九七二年の聖霊降臨の主日に危険な狂人によって大理石の聖母の顔に槌で付けられた傷や、言葉を発せよと命じて彫刻家自身がモーセ像に槌とのみを投げ付けて与えた一撃と、異なるのだろうか。あるいは、その彫像を彫ったときの衝撃と、異なるのだろうか。」(p.203／邦訳一九八頁)

しかし物神は、更にそれ以上のことをしている。物神は人間の行為と作業の性質自体を変えるのだ。それでも批判的な思想家ならば、人間の行為のみが対象に声と力を与えているということを明らかにすることで、力の転倒した起源を反転させ、物神の錯覚にきっぱりと終止符を打つはずである。その場合、声が聞こえると（素朴に）信じていた人は、腹話術のできる働き手に変貌するだろう。その人は自らの態度に表裏があることを自覚して、自分自身と折り合いを付けるだろう。自分が神々に対して依存関係にあると信じていた人は、実際は独りで自分の心の声を聞いていただけであり、自分が神々に与えたもの以外はその神々は何も持っていないということに気付くだろう。彼はついに目を開き、見るべきものは何もなかったということを理解するだろう。彼は自らの――精神的、宗教的、経済的、政治的な――疎外に終止符を打つだろう。なぜなら、もはやいかなる「外来者」も、彼のまめだらけの手と創造的な精神による構築に寄生すべく到来することはないのだから。批判的告発に熱狂した人間は、永遠に偶像を排除した世界の中で、ついに自分自身の唯一の支配者となるだろう。プロメテウスが神々から盗んだ火を、批判的思想は、プロメテウス自身から盗むだろう。火は人間に、ただ人間のみに由来することになるだろう。

ただ人間のみに、だろうか。必ずしもそうではない。物事が再び複雑化するのはここである。子孫がおらず遺言も残さなかった死者の遺産を分配しなければならない善意に満ちた公証人のように、批判的な思想家には、誤って物神に帰された力を誰に返還すべきなのか決して分からない。自分自身の支配者であり万物の支配者である個人にその力を返すべきだろうか。それとも諸個人から成る社会にそれを返すべきだろうか。もし社会に属するものは社会に返すべきと答えるのなら、支配性（la maîtrise）は再び失われてしまう。物神から受け取った遺産は、いずれも正当な大量の相続人たちへと分散する。偶像崇拝の転倒を反転させた後で、ＯＨＰによる力の逆投影を逆投影した後で、到達点に見出されるのは、私という個人の働き手ではなく、一つの団体、一つの群集、一つの集団である。物神の幻想は今や消散したが、しかしそこで、見識のある人間なら、だからと言って独りではないことに気付き、自らの存在を多数の作用者たちと共有していることに気付く。消去したと思っていた外来者は、社会的群集という恐ろしく複雑な姿で回帰する。デュルケームにおいて充分確認できるように、人間という行為者が、ある超越を別の超越と交換したに過ぎない。デュルケームの手に委ねられると、社会性は、それを説明しつつ覆い隠す宗教と比べて、かろうじてより少なく不透明であるに過ぎないように見える。マルクスは、商品の物神崇拝についての彼の有名な定義の中で、何もしないはずのものが、しかしながらどのようにして増殖するのかを見事に説明している。

それは人間間の一定の社会的関係に過ぎないのだが、その関係が人間にとってはここで、物と

（8）私はここで、以下の論文の中で概略を示した論証を再び取り上げている。Antoine HENNION et Bruno LATOUR, « Objet d'art, objet de science. Note sur les limites de l'antifétichisme »〔アントワーヌ・エニョン、ブリュノ・ラトゥール著「芸術の対象、科学の対象。反物神崇拝の限界についての覚え書」〕*Sociologie de l'art*, 6, 1993, pp. 7-24.

物の関係という幻想的な形式を帯びる。この現象と類似的なものを見つけるには、宗教の世界のぼんやりとした領域でそれを探さなければならない。そこでは人間の頭脳の諸産物が、独自の身体を授けられ*、相互に連絡し、人間とも連絡するような、自立した存在の様相を呈している。商業の世界における人間の手による生産物についても同様である。これを物神崇拝と呼ぶことができるが、それは、労働による生産物が商品として現れるや否やその生産物に結び付けられるのであり、この生産様式と不可分である。(9)

経済人類学が充分明白に示しているように、人間間の関係は、商品を介して物神化されていようがいまいが、崇拝対象間の関係より単純でも透明でもないようだ。(10)商品が見せかけの自立性を失ったとしても、だからと言って誰も支配性を取り戻すことはなく、特に、疲れ知らずの労働者がそれを取り戻すのではない。

物神のない世界は、物神の世界と同じくらい多くの外来者で溢れている。転倒の転倒は、物神への錯覚的な信仰によって転倒したとされる世界と同じくらい不安定な世界へ到達させる。反物神崇拝者は、誰が行動し誰が行為の起源を見誤っているのか、誰が支配者で誰が疎外されたり取り憑かれたりしているのかということについて、「物神崇拝者」と同じくらい知らない。したがって物神は、自らの効力を喪失するどころか、近代人のもとにおいてさえ、信仰の起源を、そして支配が可能であるという確信自体を、ずらし、霞ませ、転倒し、乱すべく、絶えず作用しているように見える。物神から取り去ろうとする力を、物神は直ちに取り返すのだ。最終的には、誰も信じてはいない。黒人たちが物神崇拝者でないのと同じくらい、白人たちも反物神崇拝者ではない。ただ白人たちは、他の人々のもとでは至る所で偶像を立ち上げ、直ちにそれらを破砕し、そして自分たちのもとでは、行為の起源をまき散らす操作者を至る所で増殖させているのだ。そう、物神崇拝者も反物神崇拝者も偶像に対してかなり奇妙な崇拝をしているのであり、我々はこれからそれを解明しなければならない(11)。

いかにして近代人は事実と物神を区別しようと努め、しかしそれに成功しないのか

他の人々のもとに素朴な信仰があると信じたり、もしくは自分たちのもとに信仰でない知識が

---

(9) Karl MARX, *Le Capital*, L. 1, Paris : Flammarion, « Champs », 1999, p. 69.〔マルクス著、資本論翻訳委員会訳『資本論　第一巻 a』新日本出版社、一九九七年、一二四頁（第一部、第一篇、第一章、第四節「商品の物神的性格とその秘密」より）。〕

(10) 例えば次の文献を参照せよ。Nicholas THOMAS, *Entangled Objects. Exchange, Material Culture and Colonialism in the Pacific*, Cambridge, Mass. : Harvard University Press, 1991. そして特に次の古典的文献を参照せよ。Karl POLANYI (1945), *La Grande Transformation. Aux origines politiques et économiques de notre temps*, Paris : Gallimard, 1983.〔カール・ポラニー著、野口建彦・栖原学訳『[新訳] 大転換——市場社会の形成と崩壊』東洋経済新報社、二〇〇九年。〕

＊　フランス語訳「de corps particuliers」に従って「独自の身体を」と訳した部分は、ドイツ語原典では「mit eignem Leben」となっており、直訳するなら「固有の生命を」となる。

あると信じたりするために、なぜ近代人は複雑な諸形式に頼らなければならないのか。なぜ彼らは、あたかも他の人々が物神を信じており、その一方で自分たちは最も厳格な反物神崇拝を実践しているかのように、振る舞わなければならないのか。なぜ物神崇拝も反物神崇拝も存在しないと全く率直に認め、我々の生活に密接に係わっているあの奇妙な効力、あの「行為の移動者」の効力を認めようとしないのか。[12] それは、近代人が事実と物神の間のある本質的な差異に固執しているからである。信仰は、物神崇拝者の精神状態や反物神崇拝者の素朴さを説明することを目的としていない。信仰は全く別のことに起因している。すなわち知識と錯覚の区別に起因しており、あるいはむしろ、以下に続く諸節で確認するように、この区別を行わない実践的な生活形式とこの区別を維持する理論的な生活形式との間の分離に起因している。

信仰という概念が別々の区画に分けて維持する役割を引き受けている二重の目録がどのように機能しているのか、より詳しく見てみよう。反物神崇拝者は、石や木で作られた偶像へ誤って投影された人間という行為者の働きを明らかにしようとして素朴な信仰を告発するや否や、今度は、人間という個人的な行為者が自らの行為に割り当てることができると思っている素朴な信仰を告発する。反物神崇拝者たちの観点からは、普通の行為者として振る舞うことも容易ではないのだ。彼らの音楽に合わせようとすると、決して正しい足取りでは踊れない。自分が偶像に操られてしまっているとあなたが思うとき、あなたが自分の手でそれらの偶像を作ったのだという説明が為される。しかし、それほど自由に作ることができるのだとあなたが誇らしく胸を張るとき、目に見えない力があ

（11） そうすることで私は、リュック・ボルタンスキーとロラン・テヴノに手ほどきを受けて（Luc BOLTANSKI et Laurent THEVENOT, *De la justification. Les économies de la grandeur*, Paris : Gallimard, 1991〔リュック・ボルタンスキー、ローラン・テヴノー著、三浦直希訳『正当化の理論――偉大さのエコノミー』新曜社、二〇〇七年〕）、批判的社会学から批判の社会学へと導く横滑りを継続する。何人かの人類学者たちによって為された物神崇拝という概念自体についての反省的分析を私が延長していると言って差し支えない。この物神崇拝（fétichisme）という語は人類学者たちに非常に嫌な思い出を呼び覚ますのであり、それはピエール・ボントとミシェル・イザールの『民族学・人類学事典』（Pierre BONTE et Michel IZARD (sous la direction), *Dictionnaire de l'ethnologie et de l'anthropologie*, Paris : PUF, 1991）にさえ記載されていない。アルフォンソ・ヤコノの小冊『物神崇拝――ある概念の歴史』（Alfonso IACONO, *Le Fétichisme. Histoire d'un concept*, Paris : PUF, 1992）は、他者の拒絶という観点から物神崇拝の歴史を再構築し、ド・ブロスの著作を詳細に脱構築している。しかしながらこの小冊は、ウィリアム・ピーツの著作（William PIETZ, 2005, *op. cit.*）と同様に決して反物神崇拝の利点を改めて問題視することはないので、それほど遠くまで我々を導くことはできない。この二つの著作は、正当な理由があって、未開宗教という人種差別的な神話やオーギュスト・コントの体系的な無分別を批判してはいるが、しかし極めて真剣に、そして全く距離を取らずに、マルクスとフロイトを支持する立場を取ってしまっている。彼らの手に委ねられると、信仰の諸幻想から唯一解放された社会科学が、黒人と白人を含む他の全ての人々を裁くことになる。

（12） 見せかけに対するソフィストたちの執着を過度に容認することで、ありきたりな仕方で彼らを再評価する代わりに、信じるということ（信仰）を一度も信じたことがないであろうソフィストたちの肖像を肯定的に描くことにこそ、バルバラ・カッサンの著作の意義がある（Barbara CASSIN, *L'Effet sophistique*, Paris : Gallimard, 1995）。彼女は、製作されたものと実在的なものの間の同義性が破綻した――それは初めてのことだろうか――その場所の「原風景」を描き出している。

なたを操り、知らないうちにあなたを組み込んで利用しているのだという説明が為される。批判的思想家は、普通の行為者のこの上ない素朴さに対して二度勝利する。と言うのも彼には、行為者が自らを操る神々へ投影してしまっている目に見えない働きが見えるのであり、しかしまた、行為者が何かを自由に操っていると信じているときにその行為者を動かしている目に見えない力が見えるのである。（啓蒙思想の落とし子たる批判的思想家もまた、ご覧のように、目に見えないものを絶えず操っている。疎外からのこの偉大な解放者は、外来者たちを繁殖させているのだ。）

これほど矛盾する二つの告発を用いて普通の行為者たちの行為を囲い込むことに、近代人たちはどのように取り組んでいるのだろうか。彼らはただ一つの操作者を使う代わりに、二つの操作者を使うのである。つまり一方で〈魔力を持つ対象〉、他方で〈事実としての対象〉である。物神に対する行為者たちの素朴な信仰を告発するとき、近代人たちは、主体を中心に据えた自由な人間的行為を論拠とする。しかし、行為者たちの主体的な自由に対する行為者自身の素朴な信仰を告発するとき、批判的思想家たちは、彼らが築き上げて完全に信用している客観的科学によって認知されるような客体を論拠とする。したがって彼らは、普通の素朴な人々へ逆に辿って二度到達するための起点として、〈魔力を持つ対象〉と〈事実としての対象〉を交互に用いるのだ。

状況は急激に複雑化する恐れがあるので、一つの図表が我々の案内役になりうるだろう。まずは最初の批判的告発を検討しよう。行為者である人間は、自分に何らかの行動を命じる諸対象の力によって自分が規定されていると思っている。幸運なことに、批判的思想家がこれを監視して、「実

際には」自らの行為の力を自動力のない対象へ投影したその行為者の、表裏のある態度を告発する。(13)

これで告発の作業が終わったと思うこともできるかもしれない。酔いが醒め、解放され、疎外から脱した主体は、自分のものだった活力を取り戻し、自らの想像上の構築物に自立性を与えることを拒否する。それらの構築物は、もう二度と自立性を持つことはできないだろう。しかしながら告発の作業はここで止まらず、直ちにまた、しかし今度は逆向きで再開する。自由で自立した人間主体は、自分が自らの全ての投影と操作の第一原因であることを、少々早まって自負してしまった。幸運なことに、ここでもまた、(決して眠ることのない)批判的思想家が、今度は自由という錯覚の背後にそれを規定する働きを暴き出す。主体は自分が自由だと信じているが、「実際には」一貫して拘束されている。このような規定を説明するために、自然科学や人文科学や社会科学によって我々に明らかにされるような「客観的事実」に頼ることになる。生物学の、遺伝学の、経済の、社会の、言語の法則が、自分が自らの現実と行動の支配者だと信じていた発話主体を黙らせることになる。

二つの告発形式は見間違えるほどよく似ている。諸原因への信仰を持つ批判的思想家(図1-1)が、偶像への信仰を持つ素朴な人(図1-2)と同じ位置を占めているのだ。もしこの二つの図表を重ね合わせることで何かが告発されているように見えるとすれば、それは告発それ自体に違いない

(13) 以下の著作の中でこれより遥かに洗練された仕方で展開されている論証を、私はここで受け継いでいる。Antoine HENNION, *La Passion musicale. Une sociologie de la médiation*, Paris : A.-M. Métailié, 1993, p. 227 et sq.

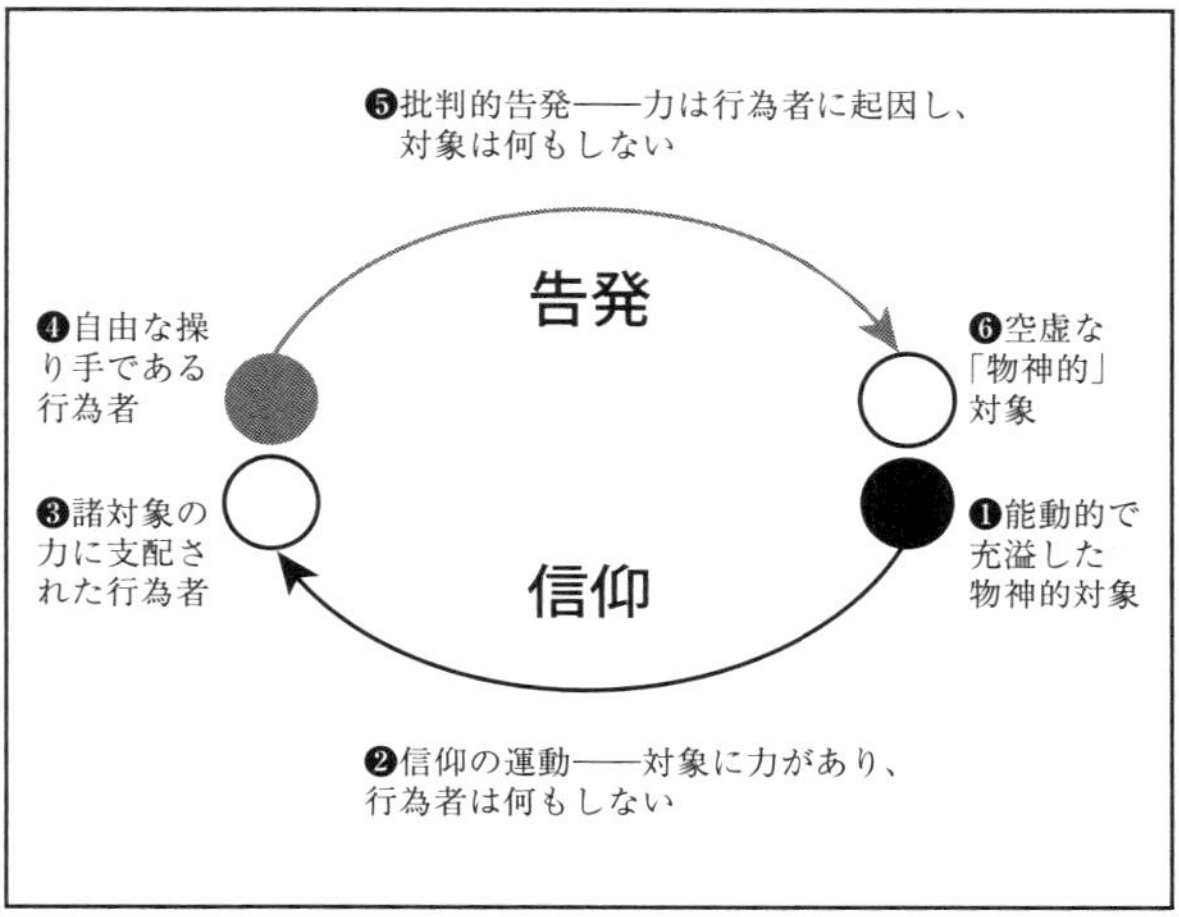

図 1-1　最初の批判的告発は、対象の力の背後に、自由で自分自身に操られている人間的行為者による自らの働きの投影を暴き出すことで、信仰の方向を反転させる。

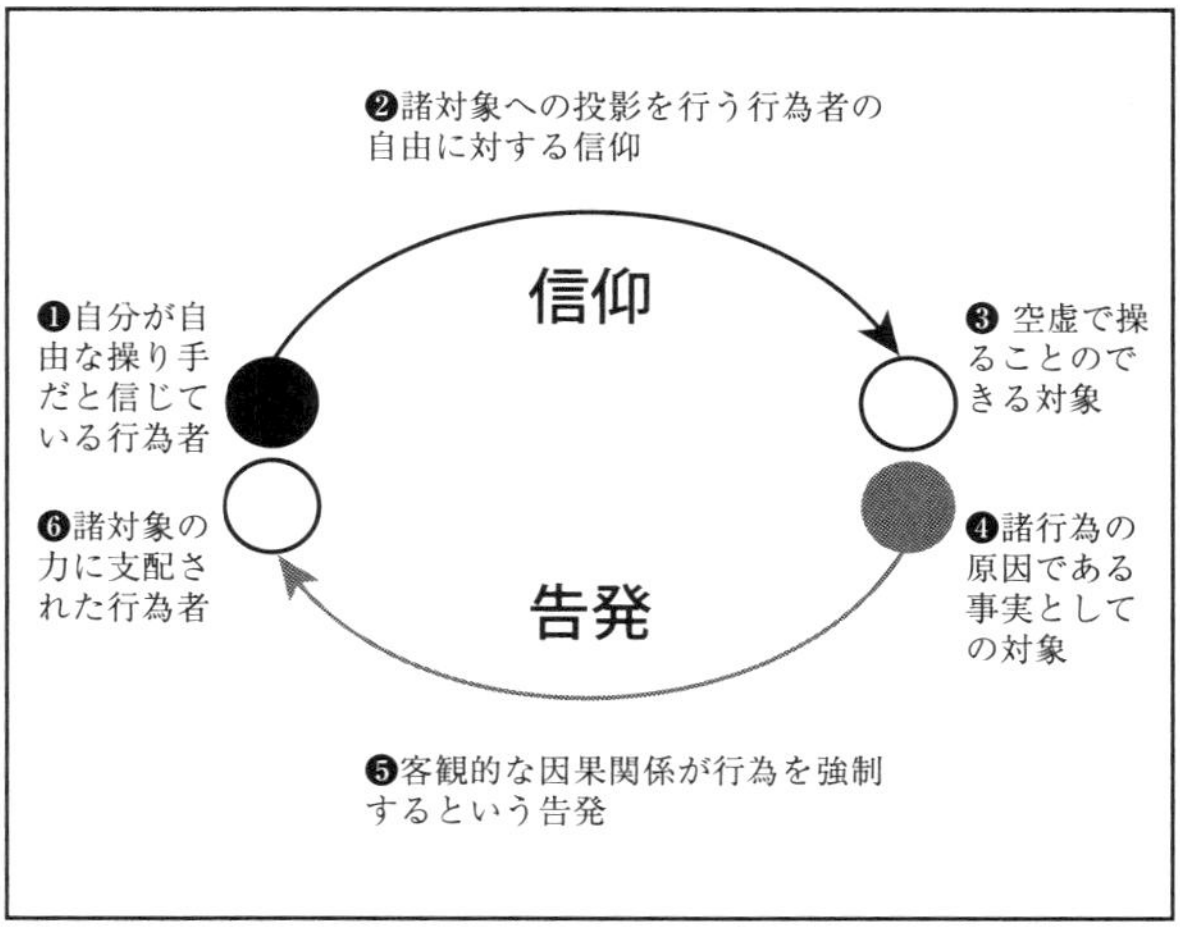

図 1-2　信仰の矢印も告発の矢印も方向を変えた。〈魔力を持つ対象〉の位置に〈事実としての対象〉が入り、自由な行為者の位置に操り人形としての人間が入った。

だろう。なぜならこの告発は、力の起源が転倒しているのでそれを逆転させると以前言っていたのに、その起源を改めて反転させるのだ。しかし、ここで重要なのは、批判的思想家たちによる告発でもなければ、普通の行為者たちの素朴な信仰でもない。信仰という概念が、物神と事実という二重の語彙によって近代人が自分たちなりに行為の起源を理解することを、可能にしているのだ。

実際には、右に描かれた二つの図が重ね合わせられることは決してない。この重ね合わせを妨げることが、まさに信仰という概念の任務なのだ。なぜそう言えるのか。批判的告発は、対象の極に二つ、主体の極に二つという、異なる四つの一覧表を起点として為されており、この四つの一覧表はいかなる口実によっても混合されてはならないからである。乱暴な言い方になるが、批判的思想家は、自分が信じていない全てのものを——もちろん宗教、しかしまた大衆文化、流行、迷信、マスメディア、イデオロギーなどを——〈魔力を持つ対象〉の一覧表の中に入れ、自分が鉄のように固く信じている全てのものを——経済学、社会学、言語学、遺伝学、地理学、神経科学、力学などを——〈原因としての対象〉の一覧表の中に入れることになる。そしてまた逆に、彼は、自分が主体において重視する全ての様相を——責任、自由、創造性、志向性などを——貸方に記入し、自分が不要ないし可塑的だと思う全てのものを——精神状態、情動、態度、幻想などを——借方に記入

＊　対象から行為者へ向かう働き掛け（図1-1の「信仰」）を告発して逆転させた（図1-1の「告発」）批判的思想家は、行為者から対象へ向かう働き掛け（図1-2の「信仰」）自体を批判的に告発して反転することで（図1-2の「告発」）、最初の物神崇拝者（図1-1の「信仰」）と同じ位置を占めることになる。

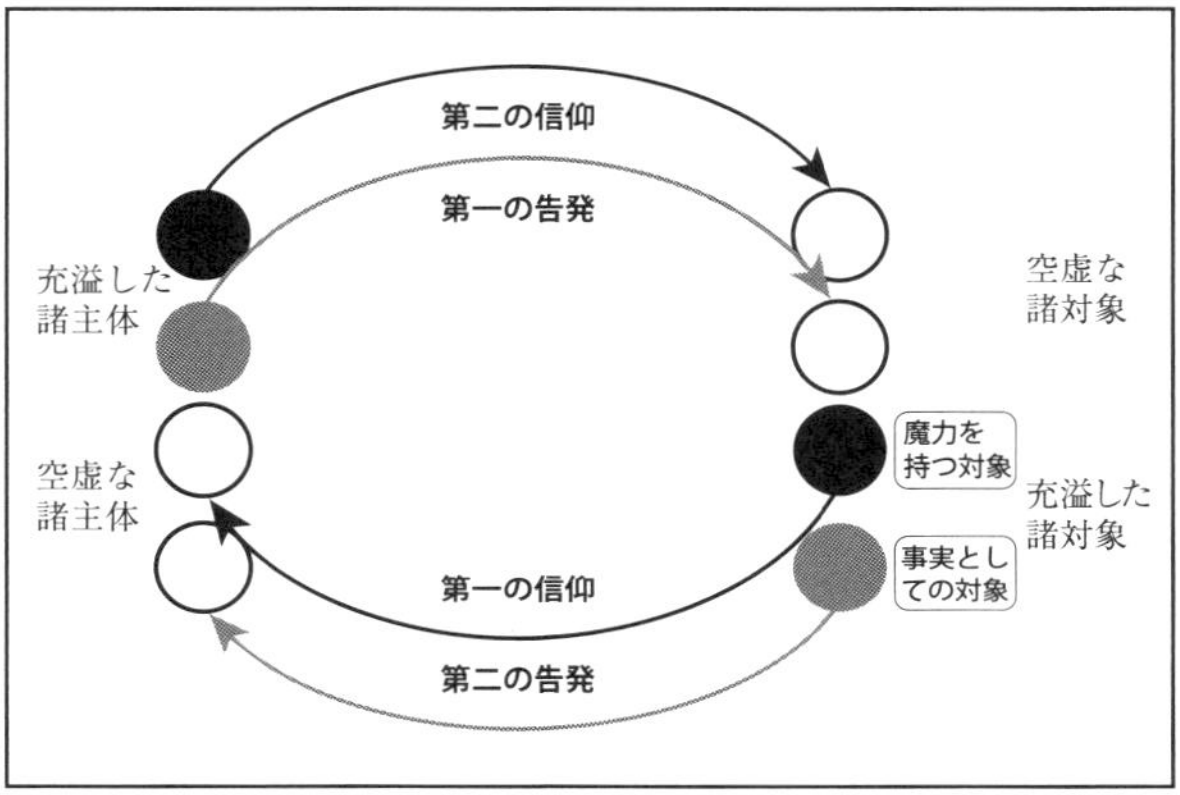

図 1-3　二つの批判的告発の表裏のある作用と、その二重の目録。それらは信仰への信仰によって距離を置いて保たれている。

して、自らの主体の極を構成することになる。一覧表の長さや内容は思想家によって異なるだろうが、この四分割は変わらない。

したがって素朴な信仰は、反物神崇拝者たちから見ると、その都度方向を間違えている。その信仰は、人間の創意工夫のみに由来する能力を〈物神としての対象〉に付与している。――このことは、第一の告発によって容赦なく示される。そしてこの信仰は、意に反して作用する多数の因果的規定に実際には由来する自由を、間違って自分自身に付与している。――このことは、第二の批判的告発によって得意気に示される。しかし決して、この二つの処理の仕方の類似性が注意を引くことはない。なぜなら、第二の批判で用いられる〈事実としての対象〉が客観的で確固たる諸原因の一覧表に属しているのに対して、第一の批判の中で告発される〈魔力を持つ対象〉は、多かれ少なかれ漠然とした諸信仰の雑然とした寄せ集めを、重要性を持たない基体へ投影したものに過ぎないのである。逆に、第一の告発で用いられる能動的な主体には、疎外に反抗して勇敢にも自らの完全で全面的な自由を主張するような人間的行為者の役割が委ねられているのに対して、第二の告発によって訴えられる主体は、あらゆる因果的な諸規定によって引き裂かれ隅々まで機械化された操り人形として組み立てられている。それ故、二つの類型の対象と二つの類型の主体の間で厳密な分離が保たれているという条件で、批判的思想には、自由で自立した人間主体が自らの諸物神を作り出すということと、精密科学や社会科学が明らかにする客観的な諸規定によって人間主体が完全に決定されているということを同時に主張することに、いかなる困難もないのである。

今や我々は、図1-3に要約された操作の全体を信仰と呼ぶことができる。信仰とは何らかの認知的能力に関係付けられるべきものでは全くなく、ある複合的な布置に関係付けられるべきものであるということを、我々は再び理解する。その布置によって、近代人は、自分たちの行為を理解するために諸物神へ回帰するということを自らに禁じながら、自らを構築している。しかしそうしながらも、これから我々が確認するように、彼らは物神を利用している。

いかにして事実と物神は近代人のもとでさえその効力を混ぜ合わせるのか

したがって信仰は、物神崇拝者たちの態度を説明するのでも、反物神崇拝者たちの態度について説明を与えるのでもなく、それどころか、対立し矛盾しさえする二つの行為目録を、距離を置いて保つことを可能にしている。これらの目録は、自分たちを超えるものを作っているという黄金海岸の黒人たちの冷静な表明がずっと以前から渡ってしまっている橋を、独力で覆い隠す責任を負っている。ところが近代人は、この差異を非常に強調しているように見えるのにも拘らず、たとえ精密科学を作り出すためであっても、決してこの差異を利用していない。信仰という装置を一旦停止するや否や、ポルトガル人たちがあまりにも性急に発言を封じて黙らせてしまった黒人たちと同じような仕方で全ての学者たちが語っているということに気付かされる。

例えば、証明のための働き手である研究室の学者たちのうちの一人、ルイ・パストゥールが、事実や物神を論じるのではなく、自分の研究室の中で具体化するものを論じているということを取り上げよう。もし信仰について我々が与えたばかりの定義を適用するならば、構成主義と実在論のどちらかを選ぶようにパストゥールに命じなければならないだろう。彼は自分が扱う諸事実を一から社会的に構築したのであり、したがって世界の目録に自分の幻想や偏見や習慣や記憶以外のいかなる実在も付け加えていないということなのか、さもなければ、それらの事実は実在的なものであり、つまり彼はそれらを自分の研究室で一から作り上げたのではないということなのか、そのどちらかである。この矛盾は極めて根本的なものだと思われ、科学哲学は三世紀前から途切れることなくこれに取り組んできた。

ところがこの矛盾は、パストゥールの関心をほとんど引かない。彼は黒人のようにあくまでその勧告を理解しようとせず、その難点を見ようとさえしない。彼は、自分の扱う乳酸の酵母が独力で現れる場面を自分の手で注意深く設定したのだから、その酵母は実在するのだと、一息で断言する。「あなたは自分で全てを行ったのだと白状することで、構成主義者たちに妥協し過ぎてしまっている」と、実在論者たちは憤慨する。「あなたが裏で全ての糸を引いているのに、どうして乳酸の酵母があなたなしで独力で存在していると主張できるのか」と、対称的に、社会構成主義者たちも憤慨する。そしてパストゥールは、カンドンブレに入信して崇拝対象を「据える」あるいは「作る」ことになる刈り込まれた〔入門した〕老婆のように、以下のように丁寧かつ執拗に述べるのである。

この研究報告の全体を通じて私は、この新しい酵母は有機体である、生物である、そして糖に対するそれの化学作用はそれの発達および組織化と相関的である、という仮説のもとで推論した。これらの結論において私が事実を越えた所まで行ってしまっていると、もし誰かが私に言うようなことがあれば、私はその通りだと答えるだろう。と言うのも私は、厳密に言うなら反駁できない仕方では証明され得ないような思考秩序の中に、率直に身を置いているのだから。これが私の見方である。誰であれ化学者がこれらの不思議な現象に取り組み、幸運にもそれらに重要な一歩を歩ませることがあれば、その都度その化学者はそれらの第一原因を、自らの研究の一般的な諸成果と調和した諸反応の秩序の中に位置付けるように、直感的に仕向けられるだろう。それが、論争の的となるあらゆる問いにおける人間精神の論理的な歩みである。(14)

これ以上に構成主義的であることはできない。トーマス・クーンやハリー・コリンズにもこの文章を書くことができただろう。自らの職業的な諸習慣、自らの諸想定、更には自らの諸偏見、自らの所属団体の慣習、自らの身体的本能、人間精神の論理、これらを投影することで自らの諸事実を構築する学者の仕事が、見事に示された文章である。しかし、科学社会学者たちにとっては残念なことに、パストゥールは切れ目なく次の文章を付け加える。

ところで、この問題についての私の知識に基づく観点から思うに、この仕事の成果と私が間もなく出版する別の成果について公正に判断する人なら誰もが、以下のことを私と共に認めるだろう。つまり、発酵はそこで、球状体の生すなわちその組織化と相関的なものであることが判明するのであり、それらの球状体の死または腐敗と相関的なものではないし、また、発酵はそこで、糖の変化が酵母に何かを与えるのでも酵母から何かを取るのでもなくただ酵母がそこにあるだけで起こるというような、接触の現象として現れているのでもない。これらの後者の事実は、やがて分かることだが、実験と食い違っている。

裏切りだ。パストゥールは突然自分の科学哲学を取り替えた。構成主義者が実在論者になった。しかも最も平凡で最もありふれた種類の実在論者に。公正な同業者たちから見れば事実は自らを弁護すると言うのだ。

パストゥールは矛盾したことを言っただろうか。批判的思想の観点から見れば、言った。パストゥール自身から見れば、したがって我々から見ても、言っていない。パストゥールにとっては、構成主義と実在論は同義語である。「事実（faits）は作られている（faits）」ということを、我々はバシュラール以来知っている。しかし批判的思想は、この曖昧な語源の中に対象への物神崇拝を見るように我々を調教していた。我々の研究室の中で、我々の同業者たちと共に、我々の道具と我々の手を使って、我々が諸事実を作っているのに、それらの事実は、魔術的な逆転効果によって、決して誰も作ったのではないもの、政治的見解のあらゆる変化や感情的なあらゆる苦しみを乗り越えるもの、誰かが乱暴にこぶしで机を叩いて「これが動かしようのない事実だ」と叫んでも動じないもの、そのようなものになると言うのだ。[15] 反物神崇拝者たちの主張によれば、構築作業の後に事実は「自立性を獲得する」。同じ「フェ（fait）」という語が、同じ息遣いの中で、誰かに作られたも

（14） 強調はラトゥールによる。以下の論文に包括的な分析と出典が見出されるだろう。Bruno LATOUR, « Les objets ont-ils une histoire ? Rencontre de Pasteur et de Whitehead dans un bain d'acide lactique », *in* Isabelle STENGERS (sous la direction), *L'Effet Whitehead*, Paris : Vrin, 1994, pp. 197-217.〔出典はルイ・パストゥール著、「いわゆる乳酸発酵についての研究報告」（一八五七年）。« Mémoire sur la fermentation appelée lactique » in *Œuvres de Pasteur, réunies par Pasteur Vallery-Radot. Tome 2. Fermentations et générations dites spontanées*, Paris : Masson et Cie Éditeur, 1922, p. 13. Cf. Bruno LATOUR, *L'espoir de Pandore*, Paris : Éditions La Découverte, 2001/2007, chap. 4, surtout p. 132 *et sq*.〕

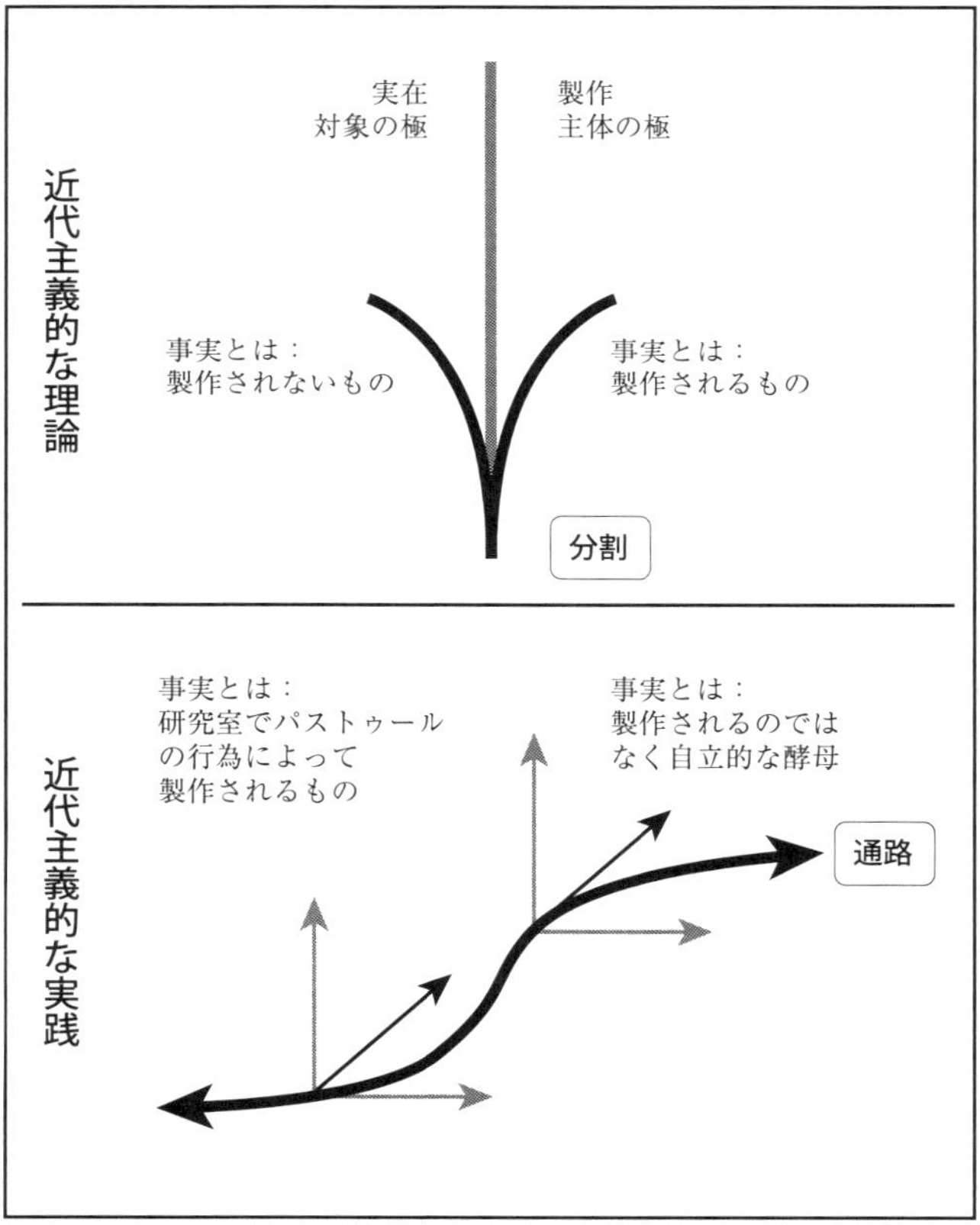

図 1-4　近代主義的な目録は、構成主義と実在論の間で選択することをパストゥールに強いる。非近代的な目録は、パストゥールが製作と真実をただ一つの「事実製作」にとっての二つの同義語と見做すとき、彼に付き従うことを可能にする。

のと誰にも作られていないものとを意味するとは言え、はたしてそこに一つの矛盾を見るべきだろうか。魔術的な操作によって覆い隠され、次に信仰の中に隠蔽され、最後に自己欺瞞のもとに埋め込まれるような、一つの矛盾を見るべきだろうか。(16) 必ずしもそうではない。我々には別の解答が提案されている。しかしこの解答は、批判的思想を放棄し、信仰、魔術、自己欺瞞、自立などの概念を忘却し、我々を誇り高き近代人にしていた眩いばかりの支配性を喪失することを前提としている。(17) 反物神崇拝を我々の知的生活の本質的な資源とすることをやめ、近代人についての人類学の研究

---

(15) 以下の論文の中に、実在論の様々な身振りについての心地良い行動生態学的な描写が見出されるだろう。Malcolm ASHMORE, Derek EDWARDS and Jonathan POTTER, « The bottom line: the rhetoric of reality demonstrations », *Configurations*, 2, 1, 1994, pp. 1-14.

(16) 私自身も以下の著作ではこのような比喩を用いていた。Bruno LATOUR〔et Steve WOOLGAR〕, *La Vie de laboratoire*, Paris : Éditions La Découverte, 1988.〔原著は *Laboratory Life. The Social Construction of Scientific Facts*, London : Sage Publications, 1979.〕この時期、一九七九年には、社会的な説明の破綻はまだ明らかではなかった。私がその破綻から結論を引き出したのは後のことであり、そのとき私は、この著作を再版するにあたって、題名から「社会的」という形容詞を抹消した。〔一九七九年の初版の副題は「The Social Construction of Scientific Facts」、一九八六年の再版の際の副題は「The Construction of Scientific Facts」。〕私はここで問題になっている現象を既に察知してはいたのだが、「構築する」・「超える」という二つの動詞の同義性を理解するのに時間が掛かった。

(17) この支配性の歴史と対称的人類学の概念については以下の著作を参照せよ。Bruno LATOUR, *Nous n'avons jamais été modernes. Essai d'anthropologie symétrique*, Paris : Éditions La Découverte, 1991.〔邦訳はブルーノ・ラトゥール著、川村久美子訳『虚構の「近代」——科学人類学は警告する』新評論、二〇〇八年。〕

対象とすることでそれを回避するや否や、新たな目録が現れる。第一の目録は「フェ（fait）」という語の二つの意味の間で選択することを強いる。構築されたのか、それとも実在するのか。第二の目録は、「その通り、確かに私はそれを研究室で構築した」、「それゆえ自立的な酵母が公正な観察者たちの目に単独のものとして現れる」という二つの文をパストゥールが同義的と見做すとき、彼に付き従う。[18] パストゥールがしっかりと作業をしたがゆえに、特別に作り出されたばかりの培養を大喜びで摂取するようやく自立して可視的になった彼の酵母を独り立ちさせることができるという、この決定的な瞬間において、図1-4上部の近代の目録が、弁証法の旋回に足を取られるというようなことを除いてその中央で何かが起こることを一切禁じているのに対して、非近代的な目録の中では、その中央で全てのことが起こっている。図表の上部では「フェ（fait）」の概念が二つの部分に引き裂かれていたのに対して、下部ではこの概念は、人間の作業と酵母の自立性との間のまさに「切れ目（連続性の解消）」と呼ばれているものを結ぶ通路の役目を果たす。研究室は「事実製作」を実行する。研究室とパストゥールの二重分節は、「事実製作」に「物を言わせる」ことを可能にし、こうして物神と事実という二つの語の語源を再発見する。敢えて言うならば、研究室は、乳酸酵母ならびにパストゥールの、発声装置となる。より正確に言うならば、それはパストゥールと「彼の」酵母との分節の発声装置、酵母と「それの」パストゥールとの分節の発声装置となる。

私が科学人類学に認めている重要性が理解されるだろう。それは正真正銘のクリナーメン〔偏倚、傾斜〕のように作用して、信仰の概念が独自の権利を行使するということを可能にしていた目に見

えない対称性を打ち砕く[19]。と言うのも、科学についてのこの分析は、理論の中で学者たちの実践を

---

(18) 私はここで、ある世界の創造者がその世界に関して持つことのできる知識についての神学的な論証を人間に対して再利用するような、真実（verum）と事実（factum）についての主題を〔例えばヴィーコにおいて〕検討するのではない。以下の著作を参照せよ。Amos FUNKENSTEIN, *Theology and the Scientific Imagination from the Middle Ages*, Princeton : Princeton University Press, 1986. と言うのも、このような主題は、ここで私が物神に関して引き出そうとしている教訓に全面的に対立するような、ある神学とある技術人類学とを前提とするのである。上記著作の最終章を参照せよ。

(19) このクリナーメンの正確な時期は重要ではない。私としてはそれを、『ルクレティウス』〔Michel SERRES, *La naissance de la physique dans le texte de Lucrèce. Fleuves et turbulences*, Paris : Éditions de Minuit, 1977. ミッシェル・セール著、豊田彰訳『ルクレティウスのテキストにおける物理学の誕生』法政大学出版局、一九九六年〕から『彫像』〔既出（Statues, 1987）〕までミシェル・セールが推し進めた模範的な科学人類学や、一九七六年のデイヴィド・ブルアの象徴的著作の中に位置付ける。David BLOOR, *Knowledge and Social Imagery*, 1976.〔ラトゥールが示す仏訳は *Sociologie de la logique ou les limites de l'épistémologie*, Paris : Éditions Pandore, 1982. 邦訳はD・ブルア著、佐々木力・古川安訳『数学の社会学――知識と社会表象』培風館、一九八五年。〕しかし、このクリナーメンの印を一九六二年のトーマス・クーンの著作の中に認める方が良いと考える人々もいる。Thomas S. KUHN, *The Structure of Scientific Revolutions*, Chicago : University of Chicago Press, 1962.〔ラトゥールが示す仏訳は *La Structure des révolutions scientifiques*, Paris : Flammarion, 1983. 邦訳はトーマス・クーン著、中山茂訳『科学革命の構造』みすず書房、一九七一年。〕唯一重要なのは、人文学と社会科学の転回である。この転回によってそれらの学問は、真実として認められている知識との関係の中でそれまでにそれらの学問を導いていた合理的再構成、懐疑論、非合理主義、解釈学という四つの立場を放棄した上で、改めて精密科学に立ち戻るのだ。私の専門分野の歴史的な重要性はいくら強調しても足りないと主張す

考慮に入れるように強いることによって、二つの目録を混合し、真実として認められている科学的な諸事実についても、物神を説明するために練り上げられた方策を用いて説明を与えるように強いるのである。[20] このような分析は当然破綻する。物神や神々に対抗して作り上げられた第一の批判的告発を用いて、ブラックホールを説明することはできないのだ……。しかし、それらの説明の破綻自体が、批判的思想全体の力を少しずつ失わせた。そのような説明を「真の対象」に適用することで、第一の告発の持って生まれた弱点がこうして明確に示されるが、しかし対称的な仕方で、論争の的となり、社会化され、それが生み出される条件――社会的条件と言えるだろうか――の中で身動きの取れなくなった諸対象が、人間的な意志を因果的に規定する金床と金槌の役目を果たす力を持たないということも、理解されるのである。社会的説明には何の価値もなかったのかもしれないが、客観的因果性にもそれ以上の価値はなかった。全てを最初からやり直し、改めて普通の行為者の言葉を聞くことから始めなければならない。

それは、事実と物神の本質的で根本的で創設的な差異をもはや信じないことを可能にする「幸福な罪過」である。しかしその場合、もしこの差異が学問的な生産を説明することさえもできないのなら、それは一体何の役に立つのだろうか。[21] なぜこれほどまでに、決して適用することのできない絶対的な区別にこだわるのだろうか。それはまさしくこの区別が、実践の利点を理論の利点によって補完するのに役立つからである。近代人の二重の目録は、事実と物神についての彼らの区別の中に見出されるべきものではなく、一方で彼らが理論上行っている事実と物神の分離と、他方でその分離とは完全に異なる実践の通路との間の、より繊細な第二の区別の中に見出されるべきものである。その場合、信仰の概念は別の意味を持つようになる。それは、「事実製作」が為される実践的な生活形式と、事実と物神の間での選択が課される諸々の理論的な生活形式とを、距離を置いて保つことを可能にするものとなる。それは、理論を際限なく純化しながらもその純化の帰結による危険を冒さずに済むための手段である。

ることで、当然私はその重要性を誇張している。実はこの分野は、近代主義の非常に大きな方向転換と同時期に生じたのであり、その方向転換がこの分野に意義と活力を与え、しかもその後、環境危機がその方向転換を途方もなく拡大したのである。

(20) 不相応に堅固な諸対象に直面した社会的説明の破綻の紹介については、以下の著作を参照せよ。Michel CALLON et Bruno LATOUR, (sous la direction), *La Science telle qu'elle se fait. Anthologie de la sociologie des sciences de langue anglaise*, (nouvelle édition amplifiée et remaniée), Paris : Éditions La Découverte, 1991. 失敗には、その帰結を引き出しさえすれば、成功を遥かに上回る哲学的利点がある。

(21) 逆説的にも科学論は、科学を政治化するどころか、ギリシア人たちから我々の時代までの全ての認識理論が事実と物神の区別を強制する政治的な定義のくびきをどれほど担わされてきたのかを、理解することを可能にした。政治から解放された科学は再び情熱を掻き立てるものとなり、まだまだ為されるべきものとして残されている人類学的な描写へと開かれたものとなる。以下を参照せよ。Bruno LATOUR, *L'Espoir de Pandore. Pour une version réaliste de l'activité scientifique* (traduit par Didier GILLE), Paris : Éditions La Découverte, 2001. 〔原著は *Pandora's Hope. Essays on the Reality of Science Studies*, Cambridge, Mass. : Harvard University Press, 1999. 邦訳はブルーノ・ラトゥール著、川崎勝・平川秀幸訳『科学論の実在――パンドラの希望』産業図書、二〇〇七年。〕

いかにして「物神事実」の技量は理論から逃れるのか

実践の重要性を認識し始めるや否や、我々は次のことに気付く。つまり、近代人であろうがなかろうが普通の行為者が、私が目下の考察を開始するにあたって言及した沿岸地方の黒人たちやカンドンブレの信者たちと全く同じ言葉を話し始めるのである。普通の行為者は、この上なく自明であることを、すなわち自分で構築したものに自分が少しばかり超えられているということを、一気に断言する。右往左往させられて素朴だと非難されることにうんざりして、「私たちは私たちを超える諸力によって確かに操られています。」などと言うかもしれない。「それらの力を神々、遺伝子、ニューロン、経済、社会、あるいは情動、何と呼ぼうが大した問題ではありません。私たちはそれらの力に与えるべき言葉を間違えたのかもしれませんが、それらの力が私たち以上に価値があるという事実については間違えていません。」——その普通の行為者は更に次のように述べるかもしれない。「逆に、私たちが自分たちの物神を製作していると述べることは正しいのです。なぜなら私たちはそれらの多様な力の原因なのですから。しかしあなたたちは、私たちを市場や進化や社会や脳の支配力によって操作された操り人形と見做して、私たちからそれらの力を取り上げようとしたのです。私たちは私たちの自由に対して与えるべき名前について間違えたのかもしれませんが、私たちが——それを神々と呼ぼうが「外来者」と呼ぼうが——他者たちと協同して行動しているという事実については間違えていません。私たちが製作するものは、決して自らの自立性を所有しているのでもないし、喪失するのでもありません。」

「物神《フェティッシュ》」という語と「事実《フェ》」という語は、同じ曖昧な語源を持っている。それはポルトガル人たちにとっても科学哲学者たちにとっても曖昧である。しかしこの二つの語の各々は、他方の語の逆の意味合いを対称的に強調している。「事実」という語は外部の実在を、「物神」という語は主体の常軌を逸した信仰を指し示しているように見える。両者共に、それらのラテン語語源の深みの中に、事実についての真実と精神についての真実を可能にしている強烈な構築作業を隠蔽している。我々が抽出しなければならないのはその真実なのであり、夢想に満ちた心理学的主体が生み出した駄作や、天から降って来るかのように研究室に降って来た冷淡で非歴史的な対象の外在的存在などを信じてはならない。我々は、構築と収集、内在と超越の間の差異を決して信じずに実践を行動に移すことを可能にするこの揺るぎない確信のことを、二つの語源的起源に結び付けて、「物神事実(faitiche)*」と呼ぶことにする。(22)

　このようにして、我々がもはや構築と真実の間で選ぶことを気に掛けずに実践について考察し始めるや否や、カンドンブレの信者たちや研究室の学者たちの活動だけでなく、全ての人間的活動が、同じ通路について、同じ物神事実について語り始める。小説家たちもまた、「自分の登場人物

＊　物神(fétiche)と事実(fait)を結び付けた造語。注(22)で示唆されるように、fétiche(物神[fetiʃ])とfaitiche(物神事実[fɛtiʃ])では発音上の違いが小さく、日本語で表記するとどちらも「フェティッシュ」となる。

たちに突き動かされる」と言ってはいないだろうか。確かに彼らはまず、「あなたたちは自分の著作を製作しているのですか、自分の著作によって製作されているのですか。」という問いに晒され、自己欺瞞だと非難される。しかし彼らは執拗に、黒人たちのように、そしてパストゥールのように、「私たちは自らの行為の所産である」という、本来の意味が捉え損なわれる危険を常に伴った、しかし見事な表現の一つを用いて返答する。ここで我々に、彼らは弁証法を実行しているのだと言ったり、対象の中に自らを自己措定する主体がその対象を通じて自己を疎外することで自己自身に現れるのだと言ったりすることは、やめてもらいたい。なぜなら、芸術家たちは主体も対象も全く気に掛けておらず、自らの思考の支配者たる主体にも主体を疎外する対象にもいかなる瞬間にも軽く触れることさえなく、まさにその両方の間を移行するのだ[23]。机でパソコンのキーボードを使って仕事をした人なら誰もが知っていることだが、自分が書いている文章を読むことで自分が何を考えているのかが分かる。しかし、だからと言って、知らないうちに我々のことを語る言語ゲームや「時代精神」の中に、我々を埋もれさせることはできない。その確固たる理由は、それらの二次的な操り手たちが、著者が自らの文章に対して持っている以上の支配性を、我々に対して持つことはないと思われるからである。以上は平凡な経験ではあるが、この経験は、批判による二重の嫌疑によって理解不能なものにされており、それゆえ、「単なる実践」という沈黙に近い状態へ送り返されてしまっている。

人間による物神の製作とその物神の超越的な真実との間で選択することを、なぜ黒人たちに要求するのか。我々自身が問いに晒され、先ほど我々が実践の中で探り出した切れ目のない通り道を我々自身の手で切断するように強いられる場合を除いて、[24] 白人であり近代人である我々は決して選択しないのに、なぜ黒人たちにその選択を要求するのか。我々の活動の一つ一つにおいて、我々が製作するものは我々を超える。しかし、小説家や学者や呪術師と同様に、政治家もまた、嘘つきだと見做されたくなければ同じプロクルステスの寝台で寝るようにと命じられる〔特定の基準への合致を強い

---

(22) 英語から借用した意味合いでの「人為現象（artefact）」という語を、ここに加えなければならないかもしれない。それは、タンタン（Tintin）が『不思議な星』（*L'Étoile mystérieuse*）の中で天文台の望遠鏡の表面を歩き回る一匹の蜘蛛を（何と光学の法則を無視して）地球を脅かす一つの星と見間違える時のように、研究室において新たな存在と見間違えられた寄生者を表す。事実の場合とは逆に、人為現象によって驚かされるのは、そこでは、予期していなかった所に人間の行為が見出されるからである。したがってこの語は、事実による驚きと物神による驚きの繋ぎ目を確保する。「事実」という語なしで済ませる理由がないのと同様に、「物神」という語なしで済ませる理由もない。近代人たちが信仰というものを信じ、物神の信用を失わせて事実のみで満足しようとしたことは、その口実にはならない。実際には、物神を信じた人は決して誰もいないし、誰もが常に事実に対して巧妙に気を配ってきた。したがってこの二つの語は無傷のままである。〔fétiche（物神）の〕「fé」と〔faitiche（物神事実）の〕「fait」の二つの音素（[fe]と[fɛ]）の違いは必ずしも聴き取れるとは限らないので、それほどすっきりとしてはいないが「ファクティッシュ（factiche）」（英語ではfactish）という語の方を好むこともできるだろう。

(23) 画家は誰もが自分の絵画がアケイロポイエートスである（人間の手で作られたのではない）と述べることができるだろうが、だからと言って、その絵画が完成してニスが塗られた状態で天から降って来るだろうと素朴に思っているのではない。本書第二論文の一五八頁以下を参照せよ。

られる」。「あなたたちは国民の代表という立場を構築していますか。」――「はい、もちろんです。一から構築しています。」と政治家たちは答える。「つまりあなたたちは、裏工作や宣伝活動や術策によって、被代表者たちが述べるべきことを捏造しているのですね。」――「いいえ。私たちは、委任者たちの人工的な声をまさに構築しているからこそ、彼らに忠実なのです。彼らは私たちがいなければその声を持つことはないのです。」――「政治家たちが冒涜した。」と批評家たちは叫ぶ。「何ゆえこれ以上政治家たちの言うことに耳を傾ける必要があるのか。彼らは「幻惑」に陥り、自分ちの虚言に気付くことさえできないのだ。[25]」しかしながら、構築と真実の間で選択することを（少なくとも教科書の中では）義務付けられている学者たちが、真の真実を研究室の中で構築するために毎日を、そして多くの夜を過ごしているのと同様に、二世紀以上前から発言が封じられている政治家たちは、上述の人工的な構築と正確な真実の間を移行しながら、毎日、晩も朝も過ごしている。

したがって近代人が提示するのは、実在論と構成主義の間の選択ではなく、その選択それ自体とその選択を表明することも重視することもない実践的実存との間の選択である。これまで我々は、近代的目録の二つの極限の間で激しく交互に入れ替わることしかできず、あるいは、ミュンヒハウゼン男爵〔通称ほら吹き男爵〕が重力の法則を「超える」のと同じようにして二つの極限を弁証法によって「超える」ことしかできなかった。しかし今や我々は、二つの目録の間で選択することができる。一つ目の目録の中では、構築と真実の間で選択することが命じられ、二つ目の目録の中では、構築と実在が同義語になる。一方では我々は、事実と物神の間で選択を強いられたビュリダンのロ

（24）この切断の意味については後で説明する。技術的製作は、その見掛けによらず、この威嚇的な問いを免れない。技術論者たちは、一方で機能に関する物質的な諸規定を追究する者と、他方で形態に関する人間的または社会的な気まぐれの恣意性に着目する者とに、非常に明確に分かれるのである。この二元性については以下の著作を参照せよ。Bruno LATOUR et Pierre LEMONNIER (sous la direction), *De la préhistoire aux missiles balistiques – L'intelligence sociale des techniques*, Paris : Éditions La Découverte, 1994. また、以下の文献におけるこの二人の著者の「討論」を参照せよ。*Ethnologie française*, XXVI, 1, 1996, pp. 17-36〔Pierre LEMONNIER, « Et pourtant ça vole ! L'ethnologie des techniques et les objets industriels », pp. 17-31 ; Bruno LATOUR, « Lettre à mon ami Pierre sur l'anthropologie symétrique », pp. 31-37〕.

（25）ピエール・ブルデューの以下の論文では、反物神崇拝がその極限まで推し進められ、政治的代表制に対する軽蔑が展開されているのを読むことができる。« La délégation et le fétichisme », *in* Pierre BOURDIEU, *Choses dites*, Paris : Minuit, 1978, pp. 185-202.〔ピエール・ブルデュー著、石崎晴己訳『構造と実践――ブルデュー自身によるブルデュー』藤原書店、一九九一年、二四五―二七一頁、「権限委託と政治的物神崇拝」。〕「大臣職の神秘は、大臣が自らの横領とその横領によって与えられた命令権とを隠蔽し、自分が単なる卑しい下僕〔ラテン語で minister〕に過ぎないという態度を示すことによってのみ、その効果を及ぼす」（p. 191／邦訳二五四頁〔ラトゥールの引用では冒頭が « Le ministre du ministère » となっているが、正しくは « Le mystère du ministère »〕）。更には、「したがって大臣の象徴的な暴力は、その暴力を被る当の人々が、否認によって助長される無知の効果ゆえに大臣に対して認めている、一種の暗黙の了解がなければ行使されえない」（*ibid.* 邦訳二五四―二五五頁）。代表制の働きと被代表者たちの賢明さの両方を、これ以上に見誤ることはありえない。単なる行為者たちには物神崇拝の明白な矛盾に気付く能力がないということを描写するために、この批判的な社会学者が反物神崇拝の明白な矛盾を――素朴にと言うべきか――利用しているのにも拘らず、社会学者たちがその後者の矛盾に気付くことができないというのは、ひとえに「幻惑」のせいである。精神病院の中で自分だけが明晰だと思い込んでいる批判的な社会学者に勝る裸の王様はいない。

バ*のように身動きが取れなくなり、他方で我々は、物神事実の加護により移行する。

したがって普通の行為者は、我々に尋問されると、常軌を逸した知性を働かせて極めて明示的に生活形式を増やし、それによって、近代的目録の威嚇的選択に決して従うことなく、物神事実を用いて移行することが可能になる。しかしながら、これらの繊細な理論は隠されたままになる。なぜなら、それらの理論を公式に要約する唯一の手段は、構築と自立、主体と対象、事実と物神、などの間で必ず為されなければならない選択の中に位置するのである。状況を単純化しないように気を付けよう。近代的選択を回避して通路について論じる言説の多様性を無視することはできないが、決して何の役にも立たないように見える一つの選択を強いる近代人たちの理論の重要性を無視することもできないのである。一方で、「事実」という語や「物神」という語の二つの側面を結ぶ容易な通り道が確実に存在することを「行為者たちそれ自体」が明確に示すために必要な、言説や装置や実践や繊細な考察から成るこの巨大な平面。そして他方で、我々が自らが近代人であると（すなわち黒人たちとは比較的にではなく根本的に異なっていると）信じようとして以来、上述の通り道が永久に閉ざされていると我々が信じる際に為される、枝葉末節にこだわる、パリサイ人のように形式的な注意。――この平面とこの注意との比較には、何か卓越したものがある。[26]

更に遠くまで行こう。実践という概念自体が、近代人たちによって課された要求から来ている。我々は、批判的思想の威嚇的な用語を用いて自らを表現することはできないので、これまでいつもしてきたことを継続せざるを得ないが、しかし内密に継続せざるを得ない。[27]実践とは通路に係わる隠された知恵であり、その知恵は執拗に、構築と実在が同義であると言う（――しかし、もはやそのことを言うことはできないので、そのことを行い、そのことを小声でささやくことで満足する）。とても奇妙な内密性だと言われるだろう。なぜならこの内密性は、一般的な経験の中では、様々な仕方で様々な経路を通じて告白された公然の秘密でもあるのだ。確かにそうだ。しかし理論は継続する。そしてこのことには、我々が今や把握しなければならない極めて説得的な理由がある。つま

（26）そうでなければ、このことに起因する次の事実は説明が困難になるだろう。つまり、「行為者たちそれ自体」を論じる社会学が、行為者たちの発言を寄せ集めているに過ぎないということと、しかしながら行為者たちが決して言わない何かを付け加えているということを、同時に主張することができるという事実である。この社会学は、声なき者たちに声を与えたり、彼らの純然たる実践を理論化したりするどころか、批判的思想による理不尽な命令に抵抗して、店の奥の部屋における一般的な諸々の生活形式を陳列窓へ通り抜けさせることで満足する。そこで現れるのが、媒介、行為者網〔アクター・ネットワーク〕、翻訳、連携様態、対称性、非近代性などの概念である。理論的な次元よりも下位にあるこれらの概念は、既に行為者たちによって非常にしっかりと為されている「表現」や、同様に行為者たちの手に委ねられている「説明」のためのものではなく、それらを寄せ集めるためのものである。と言うのも、人間的諸科学が行為者たちに提供するわずかな超過分のおかげで、行為者たちがこの寄せ集めを改めて見出すことができるようになるのだ。それゆえ普通の社会学者は、黒人たちが白人たちと同一水準にいるのと同じように、そしてそれと同じ理由で、普通の行為者たちと同一水準にいることになる。以上全ての点については以下の著作を参照せよ。Bruno LATOUR, *Changer de société, refaire de la sociologie* (traduit par O. Guilhot), Paris : Éditions La Découverte, 2006.〔*Re-assembling the Social. An Introduction to Actor-Network Theory*, Oxford : Oxford University Press, 2005.〕

＊　同質同量の二つの飼料の中間に置かれたロバがどちらを選択すべきか決定できずに餓死するという例え話。

り、それら多数の告白を真に受けない理由があるのだ。我々は今後、ある公認の理論をある非公認の実践からできるだけ遠く引き離して保つことを可能にする操作を信仰と呼ぶことにする。ここで両者の間には、まさに分離を維持するための情熱的で不安げで綿密な注意を除いて、いかなる関係もあってはならない。そして我々は、この操作の人類学的な記述を不可知論と呼ぶことにする。

いかにして反物神崇拝者を描写するのか

理論と実践の間のこのような分離の不思議な効力を捉えるために、反物神崇拝者たちの人物描写を手に入れておきたいところだ。そうすれば我々は、近代人たちの聖像破壊的な態度についての民族誌的な記述を作成することで、彼らを反対側から分析することができるだろう。しかし、私の知る限り、まだそのような研究は為されていないので[28]、現代のインドのある小説家による挿話を参考文献として選んだ[29]。〔主人公の〕ジャガンナートはブラーフマナ*であり、近代化推進派である。彼は、諸物神を打ち砕いて、彼の叔母に雇われた不可触民たちを疎外状態から解放することを望み、そのために、自分の祖先たちのシャリグラム、つまり九つの色を持つ聖なる石に触るように、彼らに強要するのである。ある午後の遅い時間帯、仕事を終えると彼は、祭壇からその石を取って、次に、恐れる叔母と祭司の前で、片隅に集まった奴隷たちにその石を持たせようとする。しかし、中庭の中央でジャガンナートは、自分がしていることに躊躇し、立ち止まり、自問する。

彼は言葉が喉に詰まった。「この石は何でもありません。だけど私の心はこれに執着していて、あなたたちのためにこれを手に取りました。この石を触って下さい。私の精神の弱点となったこの石を触って下さい。触るのです！　私の背後にいる者たち（叔母と祭司）は、無数の義務的な束縛で私を制止しようとしています。さあ、あなたたちは何を待っているのですか。私からの贈り物は何なのですか。多分こういうことなのです。私があなたたちにこれを単なる石として提示

---

(27) 面白いことに、実践の哲学だと信じて良さそうに思われるプラグマティズムは、それへの反対者たちの権威的な立場に非常に怖気づいた状態にあり、その結果、控え目で制限され実利的で人間主義的で利便的な側面において実践を描写することを強いられ、批判哲学が実践のために用意した場所を再検討することもなく受け入れてしまう。控え目さは、説教をしたり基礎を提示したりすることを差し控える仕方を自分で決定するのでなければ、哲学的な美徳にはならない。ジェームズに立ち戻るならば以下の著作を参照せよ。David LAPOUJADE, *William James. Empirisme et pragmatisme*, Paris : Les Empêcheurs de penser en rond, 2007. また以下の見事な著作も参照せよ。Stéphane MADELRIEUX, *William James. L'attitude empiriste*, Paris : PUF, 2008.

(28) 本書第二論文を参照せよ。

(29) U. R. ANANTHAMURTHY, *Bharathipura*（〔一九七三年刊行の〕原著カンナダ語からの翻訳）Madras : Macmillan, 1996, pp. 101-102.〔LATOUR and WEIBEL, *Iconoclash*（前掲書）p.474 に引用されている。英語新訳は *Bharathipura*, translated form Kannada by Susheela Punitha, New Delhi : Oxford University Press, 2010, pp. 158-160.〕

＊ カースト制度の最上位である司祭者階級。バラモン。

するから、これはシャリグラムになったのです。もしあなたたちがこれを触れば、これは彼らにとっても単なる石になるでしょう。私がこれを与えたことで、あなたたちがこれを触ったことで、皆がこの出来事を目撃したことで、夜が深まるにつれて、この石がシャリグラムになりますように！　そのシャリグラムが石になりますように！」(p.101)*

しかし、偶像の毀損者であり、解放者であり、反物神崇拝者であるジャガンナートが非常に驚いたことに、不可触民たちは怯えて後ずさりをする。彼は、半ば石であり半ば崇拝物であるその対象を持って、中庭の中央に独りで留まっており、彼の背後で祭司と叔母が恥辱ゆえに叫んでいる。その一方で、彼が解放しようとした人々は、犠牲を捧げようとするこの涜聖者からできるだけ離れた場所で身を寄せ合っている。

ジャガンナートは彼らをなだめようと試みた。彼はいつもの教師の口調で言った。「これはただの石です。触ってみれば分かります。もし触らないのなら、あなたたちはずっと愚か者のままですよ。」

彼には不可触民たちに何が起こったのか分からなかった。その集団は恐れをなして、逃げることも留まることもしようとせず、できるだけ遠くに固まってしまったのだ。しかし、どれだけ彼がこの崇高な瞬間を待ち望んでいたことか。不可触民たちがついに神の像を触るこの瞬間を。彼は怒りに満ちた声で彼らに言った。「さあ、触りなさい。」

彼は彼らの方へ前進した。彼らは後ずさりした。彼は自分がおぞましい残酷さに捕らわれるのを感じた。彼には不可触民たちが、腹這いに動く醜悪な生き物のように見えた。

彼は唇を噛んで、小声で鋭く言った。「ピラ、触りなさい。そう、触るのです！」

ピラ（不可触民たちのうちの監督者）は、まばたきをしながら立ち尽くした。ジャガンナートは、自分が疲れ果てて放心するのを感じた。彼が彼らに教えようとしてきたことは全て、何の役にも立たなかったのだ。彼は身を震わせて脅迫した。「触れ、触れ、触るのだ！」

それはあたかも、怒り狂った動物の叫びが、彼を真っ二つに引き裂いたかのようだった。彼はもはや激高以外の何物でもなく、それ以外のことは何も感じなかった。不可触民たちは、彼がブータラヤ（現地の神の悪霊）よりも脅迫的だと思った。彼の叫び声で空気は引き裂かれていた。＊＊

＊ こことこのすぐ後の『Bharathipura』からの引用は、二つの英語訳（前掲書『Iconoclash』に引用されているものとOxford University Pressからの新訳）を参照しつつ、基本的にラトゥールによるフランス語訳（旧英語訳からの重訳）を尊重して訳出した。なお、ラトゥールはここで、一部断りなく省略して引用している。また、ラトゥールによるフランス語訳は、以下の著作の中でより完全な形で掲載されている。Bruno LATOUR, *L'espoir de Pandore, Pour une version réaliste de l'activité scientifique*, Paris, Éditions La Découverte, 2001/2007, pp. 288 sq.

＊＊ フランス語訳を尊重すると「彼の叫び声で空気は悪臭を放っていた」となるが、ここは旧英語訳（The air was rent with his screams.）に従った。

「触れ、触れ、触れ、触れ!」不可触民たちにとって、この緊迫はあまりにも激しいものだった。彼らは機械的に前進し、ジャガンナートが彼らに差し出していた物に軽く触れて、直ちに引き下がった。

激高と失望に疲れ果てたジャガンナートは、シャリグラムを傍らに投げ捨てた。重々しい苦悩は、怪奇な仕方で終わりを迎えた。叔母は、不可触民たちを賤民として扱うときでさえ、人間的であり続けることができた。しかし彼は、一瞬、自分の人間性を失った。彼は不可触民を、無意味な物と見做したのだ。彼は、不可触民たちが立ち去ってしまったことに気付かずに、首を振っていた。彼が独りぼっちだと気付いたときには、日は暮れていた。彼は自分という人間に嫌気が差して、当てもなく歩き始めた。彼は自問した。「彼らが石に触れたとき、彼らも私も、自分の人間性を失ったのだろうか。そして私たちは死んだのか。これら全てのことの亀裂はどこにあるのだろうか。私の中にあるのか、それとも社会の中にあるのか。」答えはない。長い時間歩いた後、彼は茫然として帰宅した。(p.102)

ジャガンナートが物神に、偶像に、過去に、奴隷の鎖に向かって放った一撃は、上滑りをした。今や破砕され散乱して落ちているのは、物神ではなく、人間性である。彼の人間性、そしてまた、不可触民たちの、叔母の、祭司の人間性である。彼は物神を破砕すると信じていたが、砕けたのは物神事実である。その結果、彼は「野獣」になり、不可触民たちは「醜悪な被造物」になった。石の愚鈍な客体性、ジャガンナートが不可触民たちに彼ら自身の手で確かめてもらいたかったその客体性は、奴隷たちの中へ移行し、彼ら自身が「無意味な物」になった。ジャガンナートは、ミダス王の不思議な能力〔触れるものが全て黄金になる〕を反転させて、シャリグラムを、それを非神聖化しようとしてそれに触れる人々を石に変化させるものにしたのだ。彼は神々についての幻覚を消散させたかったのだが、何という苦い皮肉だろうか、今や「ブータラヤよりも脅迫的」になった。最終的に不可触民たちが彼に従うことになるのは、悪霊の脅迫的な神性と主人の脅迫的な神性との結託の恐怖に、彼らが屈するからである。しかも奴隷たちは、「機械的に」しか従わない。獣、物、機械、というように、非人間性の全ての色調を彼らが経由するのが分かる。更に重大なことに、主人と奴隷たちは「死んだ」のである。なぜなら、一旦破砕された物神事実は、彼らに人間性を与えていたものを外側から維持することに、もはや成功しないのである。「亀裂はどこにあるのか。」とジャガンナートは自問する。人間性はもはや、鎖から解放された主体や、偶像の毀損者や、槌を持った近代化推進者の中にあるのではなく、他の場所に、少し異なる場所にあるのだろうか。死なないためには、獣や石や動物や機械にならないためには、本当に、物神事実の庇護のもとに留まらなければならないのか。石のように固く冷たくならないためには、単なる石が必要なのか。

　近代化推進派であるこのインド人は、標的を間違えることで、彼自身について、そして特に白人たちについて、我々に多くのことを教える。我々はまさにこの教訓にこそ従わなければならない[30]。学者、創作者、政治家、料理人、司祭、信者、操作技師、職人、豚肉加工業者、そして哲学者であるために、近代人たちは、誰もがそうであるように、とにかく構築から自立へと移行しなければならない。白人たちは、もし物神事実なしで生きていたとすれば、生きられなかっただろう。彼らは機械、物、獰猛な動物、死者であっただろう。

だからと言って、彼らに物神を「信じる」ことを求めるのではない。反物神崇拝の恐ろしい舞台装置に従って言うならば、石に魂があると見做すことを求めるのではない。まさに、シャリグラムは一つの石であり、石以外の何物でもなく、この点については誰もが認めている。告発者だけが、偶像の毀損者だけが、このことを知らない。このことを知るのが遅過ぎる。彼は、祭司と叔母の叫びについて思い違いをしている。ジャガンナートは、彼らが解放のための涜聖に立ち会って怯えていると思っている。ところが、彼らが恥辱にまみれたと感じているのは、彼に関してであり、ひとえに彼に関してなのである。いかにして彼は、彼らがそれほどぞっとするような感情を持っていると考えることができるのか。いかにして彼は、石に対する崇敬を、おぞましい偶像崇拝を、彼らのものと見做すことができるのか。祭司と叔母と不可触民たちは、ジャガンナートが企てに失敗する際に何を見出すのかを既に知っている。つまり、信仰の問題では全くなく、作法の問題なのである。問題になっているのは、物神としての石ではなく、物神事実である。生きることを可能にする、すなわち決して構築を信じるのでも自立を信じるのでもなく構築から自立へと継続的に移行することを可能にする、位置のずれた諸存在が問題になっている。諸々の物神事実のおかげで、構築と真実が同義語であり続ける。物神事実が破砕されとしまうと、それらの同義語は対義語になる。そしてもはや移行することはできない。もはや創作することはできない。もはや生きることはできない。そうなれば、物神事実を立て直さなければならない。

ジャガンナートのおかげで、今や我々にとって物神事実の効力がより明白になる。我々が事実と物神を構築しているのか、それとも逆に、それらは決して誰に構築されたのでもない実在に我々を導いているのか、その決定を要求する威嚇的な選択から、我々は出発した。そして我々は、実際には誰も決してその選択に従っていないこと、誰もが密かに難なく別の場所を通り、同じ存在に人間的起源と自立とを同様に一息で認めていることに気付いた。哲学の言葉で言うならば、決して誰も内在と超越を区別することができなかったのだ。しかし、選択を拒否するこの執拗さが、まさに常に単なる実践として現れ、言葉でも理論でも決して受容されえないものとして現れるということを、今や我々は理解した。――それは、たとえ「行為者たちそれ自体」が絶えずこのことを表現し、極めて多くの詳細を示して絶えずこのことの描写を提供するとしても、言葉や理論では決して受容されえないのである。[31]

偶像毀損者による目標を外れた一撃や、科学論の「幸福な罪過」は、我々に――決定的にだろうか――反物神崇拝の向きを変えることを可能にし、そして信仰の装置を外側から描写することを可能にする。今や対称的人類学は物神事実という操作者を有しており、この操作者が比較の作業を再

---

(30) 不可触民に関しては、以下の見事な著作を参照せよ。VIRAMMA, Josiane RACINE et Jean-Luc RACINE, *Une vie paria. Le rire des asservis. Inde du Sud*, Paris : Plon, « Terre humaine », 1995.

開する助けになるが、この作業は、文化相対主義の迷宮に迷い込むことはないし、もはや信仰というものを信じることもない。この地点まで不可知論を推し進めると、我々はもはや、黒人や不可触民たちの目の前で外在的な実在を包み隠さず暴き出したり、あるいは彼らの内在的な表象の深淵を暴き出したりするような、物神を持たない近代人たちを、〔その不可知論に〕対置する必要はない。我々はもはや、黒人が自分たちの物神を信じ、年老いた叔母たちが自分たちのシャリグラムを信じていたのと同じくらい素朴に、近代人たちが反物神崇拝を信じているとして、彼らを嘲弄する必要はない。近代人たちも同様に、物神事実を有している。それは夢中にさせるものであり、繊細なものであり、抜け目のないトリックスター*である。その形式を手短に粗描し、その効力を理解する作業が残っている。

いかにして近代人の分裂した物神事実を描くのか

かろうじて荒削りされた木の幹、不格好に削られた石、しかめ面の仮面など、物神の粗雑な性質は時に嘲弄される(32)。したがって、近代の物神事実についても、描写が粗雑になることをお許し頂きたい。我々の物神事実の興味深い特徴は、それらが二重に破砕されたことに存する。一度目は縦に、二度目は横から破砕された。最初の切断面は、主体の極と客体の極を、表象の世界と物の世界を、暴力的に分離することを可能にする。二番目の切断面は、更に暴力的に、客体と主体の最初の区別を真に受ける理論的な生活形式と、それとは全く異なる実践的な生活形式とを、斜めに分離する。後者の生活形式において我々は、我々の手で製作されるものと我々の手の外で存在しているものとを常に混同して、全く平然と生活を送っている。[33]

（31）　このことはつまり、ミシェル・カロンと私がたびたび示したように、エスノメソドロジーによる転換を一般化して、それを形而上学へ拡張することを意味する。この拡張は、存在様式の多様性を恐れることなく維持することのできる、我々に使用可能な唯一のオルガノン〔道具〕であった。記号論を介して行われる。確かに、それと引き換えに言語化と文書化が課されたが、しかし我々は、記号論の極めて制限された諸定義を事物そのものへ拡張することで、この制約を乗り越えようと努めた。そうすると、最初から我々の関心を引いていた諸存在、行為者網〔アクター・ネットワーク〕という漠然とした名で呼ばれ、地続きに実在的であり社会的であり言説的である諸存在に、どうしても立ち戻ることになる。以下の著作を参照せよ。Bruno LATOUR, *Changer de société, refaire de la sociologie*（前掲書）。

（32）　ド・ブロス部長評定官以来、その物質的で、ずんぐりとした、不格好な、馬鹿げた、野蛮な物神に関して、多くのことが述べられている。それは、延長実体は認識する精神にとってのみ粗暴に見えるということの忘却である。木、骨、粘土、羽、大理石などのそれらの素材は、他のあらゆる素材と同様に、考え、話し、分節するのである。石が何か特に不格好というわけではない。石の諸分節は、乳酸酵母の諸分節と同じくらい、「物を言わせるもの」を可能にする。

（33）　『我々は一度も近代的ではなかった（*Nous n'avons jamais été modernes*）』（前掲書）の中の諸図表を参照せよ。私は、一方で自然／社会、他方で純化／媒介という二重の分離の代わりに、両者を繋ぎ止める対象を置く。その対象の現前、構想、構成は、経験的研究の対象となることができるはずである。

＊　トリックスターとは、神話や民間伝承に現れるいたずら者のこと。一方で秩序の破壊者でありながら、他方で創造者であり、善と悪など矛盾した性格の持ち主で、対立する二項間の仲介者・媒介者の役割を果たす。

このような仕組みの巧妙さを前にして、なぜ近代人が、諸民族の中で自分たちだけが信仰と物神を免れていると信じることができるのかが、理解される。上部では、構築する諸主体と自立的な諸客体との断絶が、そこに物神事実を見ることを禁じている。下部では、物神事実の効力が展開するが、その有効性を語る際限のない言説は、絶えず中断され絶えず移動する。あたかもその言説は、物神事実による諸媒介を理論にとって見えないものにするために、その諸媒介の絶え間のない働きを暗号化しなければならないかのように振る舞うのである。上部と下部の間の分離は完全なものであり、このことが、下部における諸通路の有効性と、上部における理論の純粋さとを、同時に保護している。したがって、他の人々が他の場所で、ジャガンナートのように、物神事実の統一的な像を我々に指し示さない限り、近代人たちの物神事実は三重に不可視的なままである。我々は、その統一的な像、その典型的な像を把握するや否や、我々のもとでは物神事実が上述の仕組みの全体の中に存するということに気付く。なぜ近代人が信仰の存在を信じ、自分たちには物神などないと信じているのかを理解するためには、その全体を丸ごと示さなければならない。

公共空間、研究室、教会、裁判所、スーパーマーケット、精神病院、芸術家の工房、工場、寝室など、近代人たちが自らを夢中にさせるものを構築すると同時にそれによって捕らえられているはずであるあらゆる場所で、かつてキリストの十字架像や皇帝たちの彫像がそうであったように、上述の物神事実が立ち上げられているのを想像してみなければならない。しかし、全てが——アルキビアデスによって去勢されたヘルメス柱像のように——批判的な思想によって破砕され、槌に打た

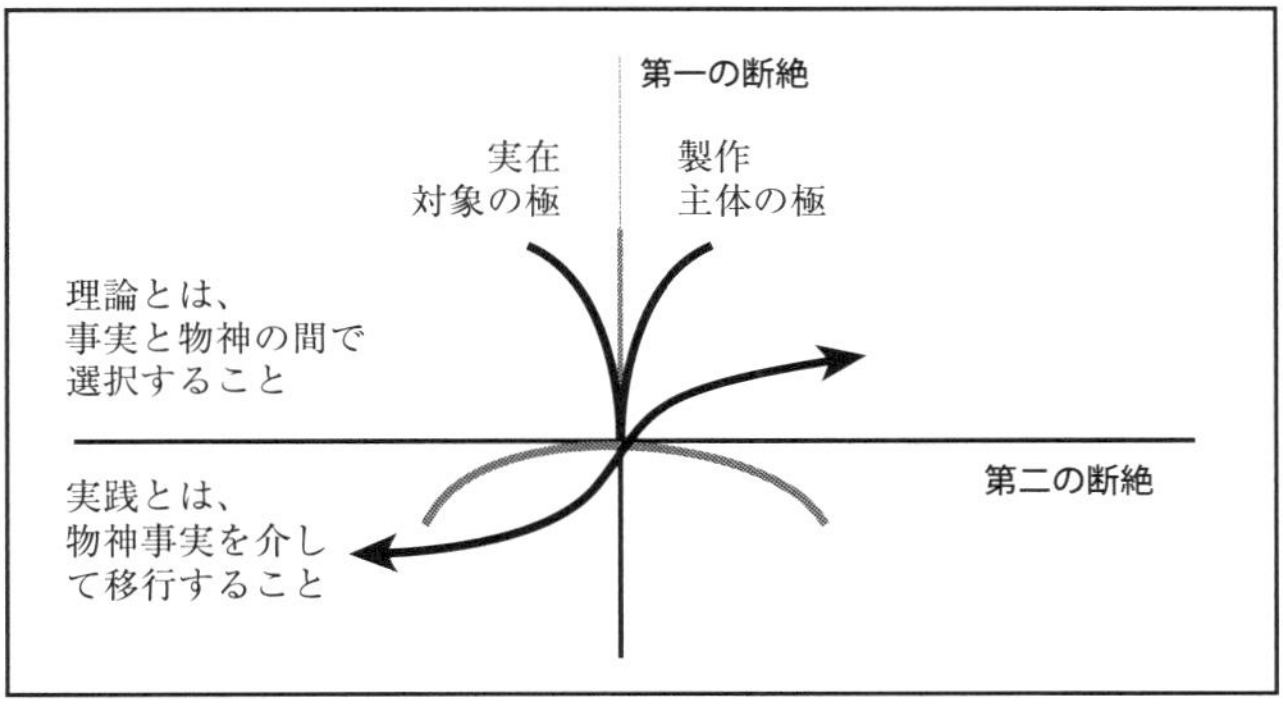

図 1-5　近代の物神事実は、その効力を成しているものを三重に不可視化するという特徴を有している。つまり、上部には物神は全く存在せず、二つの極限間の威嚇的な選択のみがある。下部では物神事実が移行と事実製作を可能にしているが、決してそのことを明白に述べてはならない。最後に、上部と下部は密閉的に区別されている。

れて砕かれている。その思想の歴史は長く、それを辿れば我々は、〈洞窟〉における偶像との関係を断ちながらも〈イデア〉を立ち上げるギリシア人たちへ至り、〈黄金の子牛〉の破砕者であるが〈神殿〉の構築者であるユダヤ人たちへ至り、異教の彫像を燃やしながらも聖像を描くキリスト教徒たちへ至り、フレスコ画を漆喰で塗り消しながらも説教壇に聖書の忠実な文書を立て掛けるプロテスタントたちへ至り、〈旧体制〉を打破しながらも〈理性〉という女神への崇拝を創始する革命家たちへ至り、あらゆる崇拝のあらゆる彫像の空洞的な虚無を注意深く探りながらも力への意志という古くからの異教の神々を立て直す、槌を持つ哲学者たちへ至る。ウィーンとルーヴル美術館にあるマンテーニャによる二つの「聖セバスティアヌス」に見られるように、近代人たちは、破砕されて彼らの足元に置かれている昔の偶像を、別の彫像に取り替えることしかできない。その新たな彫像も同じく石のように固く、同じく台座に載せられており、苦難によって同じく破砕されており、幾つもの矢に貫かれ、直ちに破壊されている。物神には、より強力な物神が対置されるのである。

いや、そうではない。それは間違いだ。それらの物神事実には、更に何かを付け加えなければならない。図表をもう一度取り上げ、破砕された彫像を修復、修繕、応急修理した作業をそこに付け足さなければならない。昔の物神――つまり本来の役割を奪われ、薪の山で燃やされたり美術館で収集されたりした、沿岸地方の黒人たちの物神――を覆っていた釘、頭髪、羽、タカラ貝、身体瘢痕や入れ墨に対して、民族学者や民族精神医学者が、正当な理由があって感嘆するということを我々は知っている。そうであるなら、近代の物神事実の分裂した上部を修復し、それらを台座に繋ぎ止めて固定するものを修復するのに我々がいつも使ってきた、目印、短い紐、釘、羽、有刺鉄線、セロハンテープ、ピン、留め金などの、途方もない氾濫については何と言うべきだろうか。誰もが、ずっと以前から、絶え間のない補修によって二重の裂け目を修復しているのである。

理論が構築と実在の間の通路を切断したのにも拘らず、毎日、非常の多くの異なる仕方で、物神事実の有効性を応急修理することを可能にしている、これらの見事な修繕に、なぜ民族学者たちはこれほどまで興味を持たないのだろうか。もし物神事実が本当に破砕されていたなら、誰も、いかなる場所でも、もはや行動することができなかっただろう。しかし、もしそれらが槌の強烈な一撃で破砕されていなかったなら、近代人たちは、他の人々から根本的には区別されなかっただろう。彼らの物神事実の下部と上部の間の違いさえも、なかったことだろう。アフリカ大陸黒人居住地域では常にそうされていたような仕方で、実践という多弁かつ寡黙な広大な領域では毎日そうされているような仕方で、近代人たちも行為を実行したことだろう。なぜこの奇妙な布置なのか。序文の文章の中で空想で描かれた朝鮮王朝の人物がそのことについて驚いていたが、なぜ破砕し、そして修復するのか。それは、移行させ媒介する役割を担う物神事実の、あの暴力的な裂け目によって課された継続的な矛盾を解消する任務を、潜行的な実践に委ねることで、近代人たちが、途方も無い諸力を──決してそれらが脅迫的でおぞましいものとして現れることなく──動員することができたからである。物神事実の引き裂かれた上部は、更なる「幻惑」ではなく、誤った意識によって実践という真なる世界を偽装するイデオロギーではない。それは行為についての理論を撹乱し、実践から独立した世界を創出し、その世界が即座に釈明するという義務を持たずに展開することを可能にする。破砕された諸偶像のおかげで、危険も責任もなく安全に新たなことを導入することができるのだ。後に他の人々が、他の場所で、その結果を引き受け、その影響を見極め、その効果を評価し、その被害を抑制することになる。

パストゥール研究所の研究員が、私に無邪気に自己紹介をして、「こんにちは、私はビール酵母の第十一染色体の連絡調整係です。」と言う。彼が言っていることは、「ボロロ族はアララである*」という有名な言葉と変わらない。彼もまた、自らの属性とビール酵母の属性とを混合している。それは、パストゥールが自らの身体を乳酸という物体と混合していたのと同様であり、アマゾン川流域の国々が自らの文化を自国内の自然と混合していたのと同様である(34)。無論、この研究者は自分が染色体だと思っているのではないし、ボロロ族も自分たちがオウムだと思っているのではない。しかし、ヨーロッパ、ビール産業、DNAの塩基をマッキントッシュ上で可視化するプログラム、出芽酵母のゲノム、などについて三時間にわたって論じた後で、対談の最後に、彼は私に、ここでもまた非常に無邪気に、「でも私は、ただ科学をしているだけです。」と言うのだ。ここには、小さな差異があり、対称性の裂け目がある。と言うのも、もしボロロ族の世界が動くことなくアララの世界が動くことはありえず、その逆もそうであるなら、あたかも二重の揺れ動きが等質の諸事実しか動かしていないかのように、その学者が自分を染色体だと見做して、ある産業全体やある科学分野全体を動かすことも可能なのである。ビール酵母の第十一染色体が世界に現れるとき、それは、上部においては、明るみの中で、一挙に不意を突いて、唯一の自然の中に何かを付け足すことしかしないだろう。下部においては、他の人々が、不意打ちを受け、その行為の結果を——倫理的、政治的、経済的な結果を——突然引き受けなければならなくなる。その研究者はと言えば、彼は「ただ科学を」しているだけ、しているということになるだけ、することになるだけである。

あなたたちには、自分の研究室の奥で、世界を変革し、遺伝子を組み換え、誕生と死に新たな形式を与え、人工的補充物を移植し、経済学の諸法則を再定義することが可能だが、それらは全て、不透明で寡黙な「単なる実践」としてしか決して現れないだろう。上部では、破砕された物神事実の明るみの中で、一方で科学、他方で自由のみが語られ、決して両者が混同されることはない。引き裂かれた二つの部分は、決してその精髄が再結合されることはないとしても、遡及的作用の円環、方向指示、往復運動などを数多く用いることで、慎重な応急修理によって繋ぎ合わされることになるが、それでもやはり両者が混同されることはない。上部では――批判があらゆる利点をもたらす。下部では――実践があらゆる利点をもたらす。両者の間では――綿密な区別があらゆる利点をもたらす。そして、断絶、通路、修復という三つの目録を（実践上）よく理解したことで、上部と下部の間の移行があらゆる利点をもたらす。[35] このように、白人たちもまた、比較人類学の眼差しに対してかなりの数の弁別的特徴を提供することができているのだから、関心を払うに値するということがお分かりだろう……。

私の言っていることを正しく理解して頂きたい。私はここで、近代人たちが決定的に関係を絶っ

（34）これらの混合に関しては、フィリップ・デスコラの以下の著作を参照せよ。Philippe DESCOLA, *La Nature domestique. Symbolisme et praxis dans l'écologie des Achuar*, Paris : Maison des Sciences de l'Homme, 1986. また、以下の著作では、上記の著作の文学的・反省的な再解釈が為されている。Philippe DESCOLA, *Les Lances du crépuscule*, Paris : Plon, 1994. この議論全体に関しては、彼の主著を参照せよ。Philippe DESCOLA, *Par-delà nature et culture*, Paris : Gallimard, 2005.

＊ボロロ族はブラジル原住民の部族。アララはオウムの一種でボロロ族のトーテム。十九世紀末にカール・フォン・デン・シュタイネンが現地調査を行った際に、ボロロ族の人々が自分たちがアララ「である」と主張していることが確認されており（Cf. Karl VON DEN STEINEN, *Unter den Naturvölkern Zentral-Brasiliens*, Berlin, 1894）、これをどう理解すべきかについて、特にリュシアン・レヴィ＝ブリュール（Lucien Lévy-Bruhl, 1857-1939）が考察を展開している。以下を参照せよ。Frédéric KECK, *Lucien Lévy-Bruhl : Entre philosophie et anthropologie, contradiction et participation*, CNRS, Paris, 2008.

たと信じていたあの怪物のような野蛮な信仰心の水準まで彼らを貶めて、彼らにちょっとした屈辱感を与えようとしているのではない。私は、〈公共広場〉や〈市場〉や〈神殿〉における偶像という主題を改めて検討し、理性的な人々が、それにも拘らず、黒人や不可触民たちと同じ仕方で信じていると言って非難しようとしているのではない。私は、槌を持った哲学者のように、科学と民主主義の中になおも潜んでいるとされる最後の盲信を、究極的で英雄的な努力によって遂に破砕するように、彼らを仕向けるのではない。改めて手間を掛けて再考すべきなのは、怪物や野蛮や偶像や槌や切断の定義自体である。野蛮人など一度も存在しなかったし、たとえ夢の中でも——特に夢の中では、と言うべきか——我々は一度も近代的ではなかった。もし私が、お守りに覆われたポルトガル人とお守りに覆われたギニア人を、物神崇拝者と反物神崇拝者を、シャリグラムの崇敬者と聖像破壊主義者のブラーフマナを、同じ水準に位置付けるとすれば、それは上部からであり、下部からではない。誰が最も事情に通じているのだろうか。それは無論、物神事実が構築されるときにその物神事実を超えるものがあり、それへの通り道として物神事実が役に立っていると、いつも自らの物神事実に言わせてきた人々である。我々近代人も、そのような品位を持つことができるだろうか。当然だ。ご安心下さい。そうでなければ、あなたたちには、祈ることも、創出することも、思考することも、発見することも、構築することも、製作することも、働くことも、愛することもできなかっただろう。とは言え、あなたたちの特殊性が以下の弁別的特徴に起因するということは分かった。つまり、あなたたちの諸々の物神事実は、破砕されているのにも拘らず修繕されている。

そしてそれは、理論が破砕と修復という二重の形式のもとでしか捉えることのできないものを、実践へ送り返すという仕方で為されている。これが我々の伝統、物神事実の破砕者と修復者の伝統であり、これが我々の祖先、あらゆる系族に対してそう為されるように、尊敬し過ぎずに尊敬すべき祖先である。[36]

砕かれ繕われた大量の実践的な物神事実を、全ての点、全ての場所において、あらゆる頂上、切妻、神殿、分岐点、交差点において回復させるのであれば、白状するが、私はそこで得られる近代世界の描写をかなり好ましく思う。我々はもはや、脱魔術化され、仮想的で、不在的で、脱領土化された世界を、より豊かで、より親密で、より緊密で、より完全なもう一つの世界に、つまり未開

---

(35) ハンス・ヨナス（Hans JONAS, *Le Principe responsabilité*, Paris : Cerf, 1990〔*Das Prinzip Verantwortung. Versuch einer Ethik fuer die technologische Zivilisation*, Frankfurt am Main : Suhrkamp, 1979. ハンス・ヨナス著、加藤尚武監訳『責任という原理』東信堂、二〇〇〇年〕）は、近代人たちが自らの行為の結果をその全ての紆余曲折に至るまで追跡することを求めることで、彼らを黒人たちと同様だと見做している。なぜなら彼は、そうすることの影響を考えずに、近代人たちに対して、まさに彼らの典型的な力を成しているもの——成していたもの——を失うことを要求しているのである。その力を成しているものとは、部分的な無責任であり、行為の連続性における切断であり、一方で自然的な諸事実、他方で倫理的な責任が、明確に異なるものとして現れることに対する理解し難い驚きである。

(36) 一方に祖先への尊敬を置き、他方に過去の一切の桎梏から解放された発明を置くという、このもう一つの二分法に関してもまた、我々がそれを近代人に、ただ近代人だけに負っているということを、忘れないでおこう。反動と革命、伝統と革新は、同一の奇妙な概念体系から現れる。

種族たちの世界に、対置する必要はない。いずれにせよ未開種族たちは、良き野蛮人たちという夢の世界の、胎児のような安らぎの中で暮らしたことは一度もないのだ。そしてまた我々は、用心しなければ我々の過去が我々をそこへ向かって引き込むような恐ろしい未開のマグマから、真理や有効性や収益性の力で脱出するのだと想像する必要もない。――未開人も野蛮人も存在しない。そして自らの科学、技術、権利、市場、民主主義を有する我々近代人はと言えば、ハイデガー研究者たちの想像とは逆に、我々もまた、未開人ではない。[37] 我々は全ての人々と同様である。そのことのどこに困難があり、どこに損失があり、どこに危険があると言うのか。――ただし、我々が非常に多くの関係によって諸々の特殊な物神事実に、我々の祖先に、我々の伝統に、我々の系族に結び付けられており、それが我々に生きること、移行することを可能にしているという点だけは異なっている。我々は確かに、物神事実の破砕者たちと応急修理者たちの後継者なのである。比較人類学は今や、ある対話を再開させる手段を有しており、その対話は私には、ユネスコによって提案される対話や、反帝国主義のうんざりさせる遺恨によって提案される対話よりも、実りあるものに思われる。初めて、我々の外側にも、そして特に我々の内部にも、もはや未開人などいないのかもしれない。初めて、我々は「文明」という言葉を使うことができるのかもしれない――この素晴らしい言葉が、指令さえあればいつでも辺境地域を越えて全てを破壊するような得体の知れない力に包まれることなく。初めて我々は、文明は死すべきものではないということを、思い出すことができるのかもしれない。[38]

(37) 異教を称賛することを欲した、そしてなおも欲しているようであり、理性の普遍性を破壊することを望む二十世紀の幾つかの反動的な運動は、それらが崇敬しているものに関しても、嫌悪しているものに関しても、恐ろしく思い違いをしている。つまりそれらの運動は、望ましいとされる未開状態を最も平凡な異国趣味に従って描出し、理性自体による理性の規定を理由に理性を嫌悪している。しかし理性は、実践の中では、あらゆる生活形式の中で最も文明化され、最も洗練され、最も社会化され、最も局地化され、最も集団的なものを示している。もし近代世界を改めて人類学の対象とする必要があるのなら、それは上部から、つまり科学と技術から為されるのでなければならず、下部から、つまり三世紀続いた凡庸な教権主義と人種主義とが未開種族や異教徒たちに関して持つことができると考えた見方を信頼して為されるのであってはならない。

(38) マーシャル・サーリンズが思い起こさせるように、少し前まで人類学は、諸文化の終焉に——あるいは自らのポストモダン的な内部破裂に——絶望していたのに、近代的ではない、研究されることを要求する新たな諸文化の誕生によって、今や忙殺されている状態である。(以下の著作に収録された諸論文を参照せよ。Marshall SAHLINS, *La découverte du vrai Sauvage et autres essais*, traduit par Claudie Voisenat, Paris : Gallimard, 2007.〔Cf. *Culture in Practice*, New York : Zone Books, 2000.〕) 我々は、アジアを利する形での均衡の回復が、どれほど西洋人たちの負担を軽減しているのかを、評価し終えていない。ヨーロッパ的罪悪感の終焉。そしてようやく諸社会と同じくらい確固たるものとなった人類学の開始。その人類学は、それらの社会を滅ぼさずに分析できるのでなければならない。

第二部　転移的恐怖

いかにして郊外の移民を利用して密輸の崇拝物を入手するのか

我々は今や正確に反物神崇拝を定義することができる。それは、いかにして人間による製作から、実践によって形成され明らかになる自立的な諸存在へ移行するのかを、把握することの禁止である。逆に我々は、対称的人類学を、この禁止事項を解除し、物神事実に肯定的な意味を与えるものとして定義することができる。したがって物神事実は、通路の知恵として、製作から実在への移行を可能にするものとして定義することができ、我々が所有していない自立性を、同様に自立性を有していない諸存在に与えるものとして、定義することができる。そして諸存在は、その結果、我々に自立性を与えるのである。物神事実とは、作らせるもの（事実を作るもの）であり、話させるもの（物を言わせるもの）である。「物神事実のおかげで我々は、崇拝物、事実、作品、表象など、我々を少し超過する幾分か自立的な諸存在を産出することができる」と、呪術師、信者、学者、芸術家、政治家たちは言うことができるかもしれない。残念ながらこの表明は、「我々」、「産出」、「自立」、「超過」など、反物神崇拝の論争に油を注ぐべく数世紀にわたって練り上げられてきた用語を再利用している。我々はまさに、この論争から抜け出そうとしているのだ[39]。長い間対象の諸形態について調査し、対象は決して〈魔力を持つ対象〉の位置も〈原因としての対象〉の位置も占めることはないと確認した後で、今度は、主体の諸形態へ目を向けなければならない。と言うのも、社会構成主義は、それが動員する諸存在に関してそうであるのと同様に、出来高払いで働いているとそれが仮定する疲れ知らずの労働者に関しても、我々が思い違いをするように強いるのである。もしパストゥールが、自分が乳酸酵母を自立的なものにしたのだと、自己矛盾を犯すことなく言うことができるなら、もしカンドンブレの信者が、自らの神を作る術を学ぶ必要があるのだと、躊躇せずに主張することができるなら、もしジャガンナートの叔母が、シャリグラムは石以外の何物でもなく、それゆえ皆を生きさせるのだと、眉をひそめることなく言うことができるなら、行為の源泉として理解された主体は、標的となる対象と同じくらい、変化しなければならない。事実の練り上げと対を成すこの主体の練り上げを追跡するためには、今まで私が調査してきた研究室とは異なる一つの現場が私には必要だった。トビ・ナタンがその現場を私に提供してくれたので、私はそれに報いるように努めたい。

それはパリ郊外で、その会合に参加する精神医学者、心理学者、学生、民族学者、訪問者、記者、好奇心旺盛な人々、厄介な人々、通りすがりの人々などの集会者によって構成された、一種の円陣の中で行われる。その円環の中には、その鎖を形成する数ある小さな輪のうちの一つとして、何の特権も劣等性もなく、「患者」がいる。患者（patient〔受動者〕）という名が与えられるのは、社会保障の明細書に記入するためであるが、しかしこの患者は大いに行動するので、その名に値しない。いずれにせよ、まだ哲学科の学生たちが心理学の合格証明の審査を受けていた時代の、精神病院における病人たちの様子とは全く異なっている。確かに患者はそこにいて、患者には病気が密接に付きまとっているが、その病気はやがて素早く患者から離れ、厳密には病気という単語が相応しくなくなる。それでも病人という言葉を使わざるを得ないのでそう呼ぶが、病人は、伯父、母、父、兄弟、子供たちといった第一の家族だけでなく、裁判官、民生委員、心理学者、教育者たちといった第二の家族と共に訪れる。第一の家族は多くの場合黒人であるかもしくは黒っぽい肌をしており、第二の家族はほとんどの場合白人である。

患者は一つまたは複数の自分の言語で話す。最初の翻訳者がフランス語で解説し、次に各々が自分なりの翻訳を提案する。患者が部屋の中心にいるのでも、会話の中心にいるのでもないことが、少し意外に思われる。確かに患者について語り、患者に内面性や固有の経歴や責任を付与しようとする人もいる。「彼の調子は良くなってきている。彼はより自分自身を引き受けている。彼は開放

(39) エドウィン・ハッチンスの著作においては、「分散認知」という全く異なる伝統の中ではあるが、思考作業の外在化という同じ観点が見られ、それが、目下の我々の考察と矛盾しない諸形式のもとで人類学に導入されている。Edwin HUTCHINS, *Cognition in the Wild*, Cambridge, Mass. : MIT Press, 1995.

的で、意思の疎通を図っている。」しかしこのことは、あまり他の人々の関心を引かないようだ。彼らは下を、上を、横を、他の場所を見て、全く別のことについて語る。何について語るのか。崇拝物についてである。最初のうち、患者は驚き、困惑する。何十回もの心理学的な（「心因性の」と言うべきなのかもしれない）対談によって消耗している患者は、それについて話すことにうんざりしている様子である。「それ《エス》」について話すのだろうか。全くそうではない。その理解は間違っている。この輪の中では、食堂から台所へ移動し、そこから更に台所裏の小部屋や地下貯蔵庫へ移動する試みは、全く為されていない。そうではない。患者に関しては、表層にも深層にも、全く関心が向けられていない。あなたたちは子供について語るために訪れたが、我々が二時間もの時間を割り当てるのは、母親と祖父母に関してである。あなたたちは一人の姉妹の治療のために訪れたが、我々の注意が向けられるのは、祖国に残った伯父に対してである。あなたたちはマグレブ移民二世のある人物が犯した犯罪を理解するために訪れたが、我々が午前中の時間を割り当てるのは、彼の父や祖父とアッラーとの関係についてである。

患者の困惑は長くは続かない。少し時間が経つと患者は関心を持ち、注目し、別の誰かについて話しているかのように会話に加わる。そして実際にある他者について、多くの他者について、複数の言語で語られる。患者は時には余計な口出しをする。更には、私のような道徳的で心理学に感化された観察者にとっては唖然とさせられることであるが、患者のいない所で画策される恐ろしい惨劇に関して、患者も一緒になって爆笑することもある。

我々は皆、精神病院にいて、外出時に拘束衣を着用させられる準備ができているのだろうか。そうではない。と言うのも我々は、フランスのサン＝ドニ市〔パリ市北部に隣接する自治体〕で、ある奇妙な実験に立ち会っているのである。つまり、心理学の対話を重ねて作り出すことができるものを、民族精神医学は、一回の会合で解体することができる。フーコー以来分かっていることだが、責任があり病気である主体というものは、大昔から存在しているのではない。そのような主体を固定し、維持するには、注意深い形式付与、大規模で確固たる諸制度、規律と尋問の行使などが必要である。しかし、実験の条件を変更して、「心理学の患者」をジョルジュ・ドゥヴルー研究所の会合に放り込んでみれば、今やその患者は、全く異なる「行為体」に変貌する。それはあたかも、三時間のうちに、ゆっくりと患者から離脱し、少しずつ診療の中心へ移住し、遂にはそこで解体して、全く異なるものとして形成されるような、心理学的主体の崩壊に立ち会っているかのようである。その病気の方もまた、しがみ付くものがなくなり、立ち去って行くのだが、もはや誰も大してそれに重要性を認めていない。ラカンが巧みに言っていたように、患者は「ついでに」治るのである……。

私よりもずっと適切にこの会合を描写することのできる人は他にもいる。(40) 治療の仕組みが冷ややかな観察を禁じているので、忍耐強くもあり忍耐力に欠けてもいる、病気でもあり健康でもある、集約的でもあり複合的でもある、私という無知な人間について語りたいと思う。私の心理を開示しようというのではないので、ご安心頂きたい。そうではなく、逆に、この治療の試練を利用して、私も、診療が進むにつれて自分の心理を手放したいと思う。そして、魂のこの漸進的な移住、この離脱に同行して、白人的な諸主体が何で作られているのかを理解したいと思う。四十八年間の確固たる心因によって重たくなった一人の患者を、いかにして三時間で脱心理学化することができるだろうか。

しかし、このことが私を驚かせてはなるまい。ほんの二十年前、ある研究室で私は、三時間のうちに、精密科学の全ての対象を「脱認識論化」する必要があることを理解した。この対称性があまりにも見事であることを認めて頂きたい。ジョルジュ・ドゥヴルー研究所では、移民たちが、自らの心理学を失うことで、自分たちの崇拝物を再び見出す。サン・ミシェル大通りの革新社会学研究所（ＣＳＩ）*では、学者たちが、自らの認識論を失うことで、自分たちの諸集団を改めて見出す。私がこのことを見逃すことはありえなかった。何も結び付けるもののない二つの研究所――若き女性エミリー・エルマンの静かな連絡便と、ベルギーの女性哲学者イザベル・ステンゲルスの知性だけが、それらを結び付けていた――この二つの研究所は、一方が対象について、他方が主体について、同じ仕事を二度行っている。もし私がこの二つを連結させるなら、もし新たな科学史によって再社会化された諸対象に、民族精神医学によって崇拝対象を取り戻した諸主体が付け足されるなら、パリはどのように見えることだろうか。合理的で効果的で収益性のある学者たちが、近代化途上の移民たちをフランス共和国に同化しようとしている、ということには、もはやならないだろう。学者たちの多種多様な諸対象も、移民たちの祖先も、もはやしかるべき場所にじっとしてはいないだろう。

患者（私やあなたや彼）は、ほんの少し前まで待合室で、自分の表層的または深層的な自我が診察される準備を整えていたのに、今や、自分でもほとんどその存在さえも知らなかった崇拝物に縛られており、内面性や意識を付与された一つの自我を所有する義務から解放されている。そして患者は、参加的な観察者として、崇拝物に関する他の人々の質問に立ち会う。それらの崇拝物はその患者に偶然関心を示したに過ぎず、質問者たちも患者に対しては通りすがりの関心しか抱かない。まさに、もはや「患者のことが」問題になっているのではなく、それゆえ患者はその点に関しては治癒するのかもしれない。しかし、この横滑り、この酔い覚めを理解するためには、改めて物神に住処を提供し、モリバトの飛翔のように崇拝物が戻って来て、存分に寛いでくうくうと鳴くことのできるような、鳩舎を建てなければならないだろう。心理学者たちの恩着せがましい偽善に従って行為者たちの「文化的表象」の中に入ることを受け入れることや、（狂人たちを矯正するために自分たちも自分がナポレオンだと思っている振りをする、漫画に出てくる監視人たちのように）移民

（40） Tobie NATHAN, *...Fier de n'avoir ni pays ni amis, quelle sottise c'était*, *La Pensée sauvage*, Paris, 1993 ; Tobie NATHAN, *L'Influence qui guérit*, Paris : Odile Jacob, 1994 ; Tobie NATHAN et Isabelle STENGERS, *Médecins et sorciers*, Paris : Les Empêcheurs de penser en rond, 1995.〔日本語では、トビ・ナタン著、松葉祥一ほか訳『他者の狂気／臨床民族精神医学試論』（みすず書房、二〇〇五年）の中で、この治療の会合の様子が示されている。〕

＊ ＣＳＩ（Centre de Sociologie de l'Innovation）は、パリ国立高等鉱業学校を拠点とする一九六七年設立の研究機関であり、一九八〇年代以降は、ミシェル・カロンとブリュノ・ラトゥールを中心に、翻訳の社会学（アクター・ネットワーク理論）を展開したことで知られている。

たちがそれを信じているという口実で崇拝物を信じることを受け入れることが、必要なのではない。――このことを私は、会合の中ですぐに理解した。まさに、信じることも、自分の通常の信仰を中断することも、必要ではない。ただ崇拝物だけが作用するのだ。しかしどのようにして、どのような世界の中で、どのような形式で、だろうか。もしかすると我々は、ようやく我々の物神事実の成果を収穫することになるのかもしれない。信仰の定義をこれほど深く変更し、不可知論をこれほど遠くまで推し進めることで、もしかすると我々は、崇拝物のこの闇取引をより容易に位置付けることに成功するのだろうか。

いかにして内在性と外在性なしで済ませるのか

崇拝物が展開できるように空間を変更しさえすれば、改めて崇拝物に場を与えることが可能なはずである。そのためには、信仰の概念が描き出していた充溢ならびに空虚を再定義する必要がある。批判的思想は、言うなれば、吸い上げては押し戻す巨大なポンプのように機能していた。我々が信じている諸存在の製作に我々が手を貸しているという口実で、その思想は、全ての〈魔力を持つ対象〉を取り除き、実在する世界からそれらを排除して、それらを順々に、幻想、像、観念へと変形させていた。批判的思想は空虚を作っていたのだ。逆に、〈事実としての対象〉は一旦研究室で加工されると我々がいなくても存在しているように見えるという口実で、その思想は、密集した部隊のように諸事実を配列して、連続的で空隙のない、空虚のない、人間的なものの含まれていない「実在する世界」を構成していた。批判的思想は充溢を作っていたのだ。この吸い上げては押し戻すポンプは、〈魔力を持つ対象〉と〈事実としての対象〉の両方が人間によって製作されることを要請する奇妙な実践を二度避けることで、引き算と足し算によって、吸引と圧力によって、空虚化と充溢化によって、内在性と外在性を同時に作り出した。したがって、もはや崇拝物のための場所はなく、誤って物の世界に投げ込まれた大量の主体が存在する。もはや乳酸のための場所はなく、認識主体によって突然発見された外在的な諸対象が存在する。

諸対象の歴史を記述するのに認識論が我々の役に立ちえないのと同じくらい、諸主体を位置付けるのに心理学が我々の役に立ちえないのはなぜなのか、分かるようになってきた。と言うのも、認識論と心理学は相互に依存しているのだ。今日の諸対象が、少し前まで我々が仲介物も媒介もなく知っ
ていると信じていたときに信じていたものと全く異なるのと同様に、諸主体も、我々が素朴な信仰というものがどこかに存在していることを知っていると信じていたときに信じていたものとは全く異なる。信仰と知識は、同じ小舟で航海をしていたのであり、一緒に沈没したのである。世界は認識可能もしくは既に認識された客観的な諸原因で破裂するほどに満たされていたので、しかし一部の未開な、太古的な、幼稚な、無自覚的な人々が、実在しない物神的な諸存在をあくまでも世界に住まわせようとしていたので、空っぽの頭から生じるそれらの諸幻想を、何とかしてどこかに置く必要があった。どこに押し込むべきだろうか。まさに、その空っぽな頭の中である。しかしそ

の頭は充溢している。構わない、そこに穴を掘ろう。精密科学や社会科学によってのみ認識される実在に全く準拠しない、空っぽな夢想で満たされた内在性という概念を作り出そう。

ご覧のように、内在性を有する主体が、外在性を有する諸対象と対を成すもう一つのパイプの役割を果たしている。両者を結び付けるために、次に「表象」の概念が作り出されることになる。この概念によって、内在性を有する主体が、「外在的な実在」に自らの規約体系を投影し始める。しかしながらこの規約体系は、言語、無意識、脳、歴史、社会などの諸構造から、最も効果的な因果的連鎖を通じて、主体に与えられているとされる。今回は、混同は完全である。行為の源泉であり、内面性と意識を備えた主体が、外在的な実在を恣意的に切り分けるとされる。そしてこの実在は、主体から独立して存在するとされ、別の経路を通じてその同じ諸表象を規定するとされる。このように主張する人々が、沿岸地方の黒人たちを問い質そうと言うのだ。惨めな人が他人の惨めさを嘲笑するとは、まさにこのことである……。より悪いことに、征服をたくらむポルトガル人たちの恩着せがましい態度を二度と繰り返さない決心をした良き布教者たちは、野蛮人たちを尊重すると称して、自分たちも彼らのように錯乱していると主張し、その気の毒な黒人やブラーフマナたちもまた、幸運にも、別の角度から別の恣意性に基づいて実在を切り分けるような「社会的表象」を所有していると主張する。他の人々を、近代主義的な錯乱に感動して感謝する相方と見做すとは、何とも奇妙な尊重の仕方だろうか。文化相対主義は、それに先立つ全ての錯乱に、最後の錯乱を付け加えている。

無論、内面的な生を自然化することで、全く内在性なしで済ませることもできるだろう。と言うのも、批判的思想は、主体を操る客観的な諸原因の中に主体を埋没させるための豊富な目録を――あまりにも豊富で、あまりにも安易で、あまりにも安上がりの目録を――提供している（図1-2を参照）。主体を、言語作用の表層的な効果、神経回路網から生じる一時的な電気容量、ある遺伝子型の表現型、ある無意識における意識、ある社会構造における「文化的白痴」（文化的に規定された個人）、ある世界的な市場における消費者、などと見做すこと以上に安易なことはない。主体の手足を切断して動けなくすること。我々は皆、新聞を読むことを通じて、これらの切除を学んだ。学士課程の一年目から、人間の死への準備をするのだ。幸運なことに、科学人類学の「幸福な過誤」という上述の事件以来[*]、そのような手順は我々には禁じられている。と言うのも、あまりにも多弁な発話主体の口を封じるために、まとめて大量に、あるいは個別に導入された、社会科学や自然科学のうちの一つまたは複数のものを、冗談抜きで、信じる必要があるようなのだ。しかし、自立的な諸主体からそれらを規定する科学的な諸対象へ急に移行することは、反物神崇拝から脱出する代わりに、それを延長することになる。我々は、自らが扱う酵母のことを明らかにするための正確な所作に注意を向けるパストゥールを埋没させたくないし、同様に、自らの崇拝対象を製作する上述のカンドンブレの信者を見失うことや、ジャガンナートの祖先たちが単なる石を彼らの生命を

* 本書五二～五五頁を参照せよ。

維持するものにするためにどのように振る舞ったのかを知らずにいることを、望まない。行為についての我々の理論は、彼らが自らの行為によって幾分か超過されているまさにそのときに、彼らが自らの行為によって幾分か超過されているがゆえに、彼らが自らに固有のこととして何をしているのかを、正確に記録しなければならない。

奇妙なことに、物神事実の道はそれよりずっと単純で、より経済的で、より理性的で、そう、合理的であるように見える。第一に、少しの空虚も残さずに外在的な世界の全体を満たす〈原因としての諸対象〉。第二に、内面性を付与され幻想と情動が破裂するほど詰め込まれた〈源泉としての諸主体〉。第三に、自我による錯覚と科学のみによって認識される堅固な実在との間に脆弱な関係を結ぶために、多かれ少なかれ成功しながら手探りをする、多かれ少なかれ恣意的な諸表象。第四に、それらの表象の恣意的な起源を説明するための新たな因果的諸規定。——これらのものを受け入れる代わりに、なぜ知識／信仰という二重の概念を放棄しないのか。なぜ「行為者たちそれ自体」の口から発される掻き乱された諸存在を世界に住まわせないのか。

パストゥールは、彼の乳酸酵母が彼に対して外在的であることを求めていない。なぜなら彼は、それを研究室で自由に使うことができるのだし、しかも彼が無邪気に打ち明けているように、その酵母が生命体として現れるようにするために、彼は自分の先入観に応じて、酵母に少し手を加えさえしたのだから。しかしながらパストゥールは、その酵母に関して、それが為しうる限りでの——それと彼とが為しうる限りでの——自立性が十全に認知されることを、確かに求めている。カンドンブレの信者たちは、彼らの崇拝対象が彼らに直接、天から降りて来た言葉で、語り掛けていると主張しているのでは全くない。なぜなら彼らは、全く同じくらい無邪気に、それを作る術がなければ彼らの崇拝対象は「絶滅危惧種」になりかねないと告白するのだから。しかしながらこの告白は、それが彼らの口から発されるとき、彼らに語り掛ける崇拝対象それ自体の存在性を弱めるのではなく、強化するのである。ジャガンナートの叔母も、あの石が石以外の何かであることを求めているのではない。決して誰も、実践の中では、何らかの存在への素朴な信仰を表明することはなかった(41)。もし信仰というものがあるとすれば、それはありうる限り最も複雑で、最も洗練されており、最も批判的で、最も繊細で、最も反省的な行為である(42)。しかしこの繊細さは、もしそれをまず〈原因としての対象〉と〈源泉としての主体〉と表象とに引き裂こうとするのなら、決して発揮されえない。主体の内側に場を占めるという口実で信仰から存在論を奪うこと、それは対象と人間的行為者の両方に対する無理解である。それは物神事実の知恵を捉え損なうことである。

（41） 年月の経過とともに、標準的な事例の一つ一つが、近代的な正史によってひっくり返されている。ジェフリー・バートン・ラッセルの以下の著作で論じられた見事な例を参照せよ。Jeffrey Burton RUSSELL, *Inventing Flat Earth. Columbus and Modern Historians*, New York : Praeger, 1991. とは言え、地球が平らであることを文字通りに信じた素朴な修道者たちがどれほど嘲弄されたことだろうか。著者は、素朴な信仰の存在へのこのような信仰が十九世紀に始まるものであることを見事に立証している。しかもこの後者の信仰は、その当時、暗黒時代を脱して出現した啓蒙主義の気高い舞台装置に寄与するものだったので、素朴なものでは全くなかった。

「賢人が月を指し示すとき、愚者はその指を見る。」という中国の諺は、批判的思想の告発的な態度に見事に当てはまる。反物神崇拝者は、行為者たちの情熱的な関心が何を引き起こすのかを見るのではなく、その代わりに、肩をすくめて信仰の対象を告発している自分がとても利口だと思い込む。彼は、神から授けられた知恵（science infuse）によって、あるいはむしろ混乱した知恵（science confuse）によって、その対象が存在しないということを知っているのだ。彼は指へ、そして手首へ、肘へ、脊髄へ注意を向け、そこから脳へ、そして精神へと注意を向けてから、次に、他の諸科学によって提供された諸々の客観的な因果性に沿って、教育へ、社会へ、遺伝子へ、進化へ、要するに主体の諸幻想が脅かすことのできない充溢した世界へ向かって、再び降りて行く。それよりもずっと単純な、より知的な、より経済的な、要するに――そう言わない理由があろうか――より科学的な仮説は、眼差しを、諺が促すように月の方に向けるだけでなく[43]、乳酸酵母、崇拝対象、ブラックホール、掻き乱された遺伝子、聖母マリアの出現等々の方にも向けることに存する。我々には何か失うものがあるのか。何を恐れているのか。世界があまりにも多くのものに住まわれることを恐れているのか。そこに住まうものが多過ぎるということは決してないだろう。我々を恐れさせるのは、多分、その無限の空間の空虚である。スコラ学の世界が空虚を嫌悪していたのと同様に、社会的・因果的説明の世界は可変的で融通の利く存在論というものを嫌悪する。このような存在論は、行為ならびに行為者を再定義することを余儀なくさせ、相互に還元されえない惑星や銀河のように、宇宙空間に広がって行くだろう。

認識論と存在論の間、信仰と知識の間の差異を放棄すると、存在の個体数が充分に制限されないのではないかという懸念は、幸いにも、批判的思想によってもたらされた混沌のみに由来する。「行為者たちそれ自体」が、自らの生を分かち合う諸存在に対して、それらが継続的で執拗で頑固な在るがままの事実という形式のもとで存在するということを求めることは、かなり稀である。我々がこのことに気付くのを妨げているのは、吸い上げては押し戻すポンプのピストンの音であり、それのみである。エリザベート・クラヴリが丁度正午に聖母マリアが出現するのを見るためにメジュゴリェに巡礼をするとき(44)、彼女は中国の諺の愚者のようには振る舞わず、学者としての優越性を得意がって最初に次のように言うようなことはしない。「聖母が存在も出現もしないことはよく分かっているので、私はただ、いかにして、そしてどのような理由で、フランスの下級従業員

---

(42) 私にとって決定的なのは、カトリーヌ・ダルボ＝ペシャンスキーの以下の著作である。Catherine DARBO-PESCHANSKI, *Le Discours du particulier. Essai sur l'enquête hérodotéenne*, Paris : Seuil, « des Travaux », 1987. この著作は、信仰の概念が押し潰していた多様な配置を受容する一般的方法の役割を果たすことができる。我々により身近な例としては、以下を参照せよ。Émilie GOMART, « Methadone: six effects in search of a substance », *Social Studies of Science*, 32, 1, 2002, pp. 93-135.

(43) 月に向かって指と天体望遠鏡の接眼レンズを向けたためにガリレオや彼の身内の人々に課された被害については周知の通りである。貴重な遺物として保存されているガリレオの指に関しては以下を参照せよ。Jean-Marc LÉVY-LEBLOND, « Galileo's finger », *in* Bruno LATOUR, Peter WEIBEL, *Iconoclash*, Cambridge, Mass. : MIT Press, 2002, p. 146.

たちがその存在を信じることができるのかを、理解することに専念するつもりだ。」彼女は聖母を指し示す指を辿る。これは非常に賢明で、とりわけ非常に学者的な立場である。そう、無論、聖母は出現し、皆がそれを見る。群集の誰もが、ポラロイドカメラのシャッター音を鳴らして、聖母の痕跡を捕らえる。エリザベートにも聖母が見える。――それ以外にどうすると言うのか。しかし次に、祈る群衆から湧き上がる様々な言葉を聞いてみると、そしてまた、パリへ戻る列車の中の巡礼者たちの感動に満ちたささやき声を聞いてみると、驚くべきことに気付かされる。つまり、写真を撮った人々は、サン＝シュルピス教会の彫像の写真を撮るときのように聖母が臭化銀の印画紙に記録されているとは、全く思っていないのである。聖母は、見るべき物の地位を――あるいは告発すべき錯覚の地位を――占めることを少しも要求しない。パストゥールの酵母は、本当に存在するために、構築された対象の役割を――あるいは発見された対象の役割を――一度も要求しない。シャリグラムは、単なる石以外のものであることを決して要求しない。救済する聖母によって描き出された存在論的な覆い、敢えて言うならその「仕様書」は、幾つかの制約に従う。しかしそれらの制約は、貧弱な存在と貧弱な表象という二つの極には全く一致しない。[45] 聖母は全く別のことをしている。それは世界を占拠している。そう、「世界を」である。ただし、教権主義者や反教権主義者が予想していたのとは全く異なる仕方で。

　したがって、素朴な信仰について我々が有していた唯一の事例は、無学な人々が素朴に信じているということについての学者たちの素朴な思い込みに関するものなのだろうか。必ずしもそうではない。なぜなら、無学な人々が自ら与えていると学者たちが考えるような印象を、かなり正確に表現している無学な人々が、確かに存在するのだ。空飛ぶ円盤の写真を撮る人々、滅亡した宇宙都市についての考古学者たち、雪男の足跡を追う動物学者たち、緑色の小型人間たちとの接触者たち、ダーウィンに敵対する創造説の信奉者たち、ピエール・ラグランジュが蒐集家のような情熱的な関心を持って研究するこれら全ての人々は、確かに、研究室に由来すると認識論者たちが見做している諸存在と、見たところ同じ存在的な諸属性、同じ仕様書を持つような、諸存在を固定しようとしている。[46] 奇妙なことに、彼らは「非合理主義者」と呼ばれる。しかし彼らの最大の欠点は、むしろ、十九世紀に遡る科学的方法に対して彼らが表明している狂おしいまでの信頼に由来する。その信頼ゆえに彼らは、彼らが想像するに至ることのできる唯一の存在様式、すなわち既にそこにあり、現前し、固定され認識されるのを待っている、頑固な、物の存在様式を探究するのだ。創造説の信奉者やUFO研究家たち以上に実証主義的な人々はいない。なぜなら彼らは、事実的な事柄を描写す

（44） Élizabeth CLAVERIE, « La Vierge, le désordre, la critique », Terrain, 14, 1990, p. 60-75 ; Élizabeth CLAVERIE, *Les Guerres de la Vierge : Une anthropologie des apparitions*, Paris : Gallimard, 2003.

（45） 前掲書『パンドラの希望』（Bruno LATOUR, *L'Espoir de Pandore, op. cit.*）で提案された理論モデルを参照せよ。

（46） ピエール・ラグランジュの（極めて長期間にわたって）執筆中の学位論文ならびに以下の諸論文を参照せよ。Pierre LAGRANGE, « Enquête sur les soucoupes volantes », *Terrain*, 14, 1990, pp. 76-91 ; le numéro spécial d'*Ethnologie française*, vol. XXIII, 3, 1993（ラグランジュ監修の特集号）.

る以外の、存在の仕方や語り方を想像することさえできないのだから。少なくとも研究室には、これほど素朴な学者はいない。したがって、逆説的に、素朴な信仰について我々が有していた唯一の事例は、陰謀によって隠された執拗な諸事実を用いて公認の科学を常に打倒しようとする、非合理主義者たちから来るように思われる。

しかしながら、より注意深く見ると、この一種の科学主義でさえも、素朴だという非難から逃れることができるかもしれない。なぜなら、UFO研究家たちの際限のない探究は、科学主義が諸対象のために準備しておいた役割にどうしても従うことのできない掻き乱された諸対象に——確かにそれらを貧弱なものにしてしまってはいるが——照準を定めているのである。ここには奇妙な誤解があり、そうであるとすれば、素朴な信仰というものの存在を立証する事例が全くなくなってしまう。そして結果は愉快なものになる。つまり、認識論者たちが、文字通りの素朴な信仰の本当に確実な唯一の事例を、我々の目に晒しているということになる。私は信仰の存在を信じる、ゆえに私は近代的である。——これが新たな「我思う」であり、新たな不動点なのだ。しかしながら、この唯一の使用例さえも、立証されてはいない。なぜなら、全ての反例の一般性に反して信仰への信仰を維持させる政治的な意図が、帰納法の原理を逆転させながら、それ自体として興味深いものである一つの錯綜した対象を描き出すのである。理性と政治の違いを信じるための正当な政治的理由が存在するのだ。(17)

いかにして崇拝物の「仕様書」を作成するのか

指が月を示すとき、今後は、我々は月を見るだろう。思考よりも、思考された諸存在の方が重要なのであり、我々はそれらの存在に専念しなければならない。この結果を踏まえて、診療へ戻ることを試みよう。あのとき私には、崇拝物を表象と見做さずに配置するための場所がなかった。しかし、最初にそこから存在性を剥奪しておいて、いかにして諸存在を尊重していると言い張るのか。存在性は、尊重にとって不可欠な完全性の一部を成しているのではないか。そして信仰の概念は、それを維持することを決して許さないのではないか。[48] したがって私は、認識論的な問いと存在論的

(47) 認識論をそれ自体の理論から実践において救出するこの「理性の政治」を追跡するには、以下の著作を参照せよ。Isabelle STENGERS, *L'Invention des sciences modernes*, Paris : Éditions La Découverte, 1993 ; Barbara CASSIN, *L'Effet sophistique, op. cit.*

(48) 存在を無意識的な諸規則によって分配された記号表現と見做すという解決策は、構造主義者たちに分かり易さという好都合な効果をもたらしたが、しかし今や、この無意味についての学問を練り上げるために彼らが支払わなければならなかった対価が、より適切に評定される。つまり、彼らは諸実践の意味を放棄しなければならなかったし、その思想が繊細な存在論を時期の良し悪しを問わずに主張していたのにも拘らず、その思想からその存在論を剥奪しなければならなかった。無論、「未開の思考」の錯乱よりも、記号表現の論理の方が良い。しかしながら、最も経済的な解決策は、依然として、行為者たちが語る諸存在を、それらが要求する多様な種別化に従って世界に住まわせることである。

な問いの間の亀裂に立ち戻らなければならなかった。新たな科学史は、私が両者の間に滑り込むことを可能にした。パストゥールによって発見／構築／誘発／形成された乳酸酵母が、私が崇拝物を理解するための規範の役割を果たした。もし物事を原因と内面性と表象に分割しなければならなかったとすれば、乳酸酵母も同様に、「実在する世界」の中には場を持たなかったことだろう。対称性の利点は、ある文化の——つまり私たちの文化の——最も尊重された諸存在の例を挙げることで、他の文化の最も軽蔑すべき諸存在に光を当てるということである。全てのものが、自らが存在することを望んでいる。いかなるものも、良識に適うと思われている構築か実在かという選択の中には留まらない。そうではなく、各々が独自の存在形式を求めているので、その仕様書を丁寧に作成する必要がある。

私は既にこの仕様書の第一の条件を記入した。つまり、治療の場に位置付けられた崇拝対象は、本当に存在するのである。当然私は、過度に寛大に存在性を付与することで、この承認を直ちに弱めてしまう恐れがある。と言うのも、一見すると我々には、考慮に入れるべき物があり過ぎる。なぜならそこでは、夢や一角獣や黄金の山が、全く選別されずに、神々、霊魂、乳酸酵母、芸術作品、社会、シャリグラム、遺伝子、聖母マリアの出現と、共存しなければならないのだから。我々は、反物神崇拝によって提供された方策を自発的に自らに禁じたので、そしてもはやそれら全ての存在を批判的目録の四つの一覧表（図1-3を参照せよ）の中に並べることができないので、「何でもあり」という目が眩むような印象を受ける。この存在論相対主義の傍らでは、文化相対主義は無邪気なものにさえ見える。エジプトの主人たちによって支給されていた玉ねぎのことを思い出してため息をつく砂漠のヘブライ人たちのように、*我々は精神現象と表象と諸原因の間の確固たる差異を懐かしむことになるのではないか。その差異には、それら全ての雑然とした寄せ集めを整理するという利点があり、事物の外在性の中に横たわっているものから主体の内在性の中に眠っているものをその都度区別することを我々に強いるという利点がある。この新たな統合主義は、過度に寛容主義的であり、物の判別のつかない暗闇の中に我々を沈めかねない。我々はこの混同に怯え、歩んで来た道を引き返し、近代人たちの分裂した物神事実の陰で再び次のように問いたくはならないだろうか。——それは我々によって作られたのか。自立的なのか。それは頭の中にあるのか。事物の中にあるのか。我々は支配者なのか、それとも超過されてしまっているのか。

その段階へ後退する前に、治療の理解にとってのこのような統合主義の利点を理解しよう。我々は、自らの崇拝物を動員する患者に付き添うために非合理主義に陥ることはないし、また、パストゥールが自らの酵母に荷担する仕方を見習おうとして「合理主義に陥る」ようなこともしてはならない。もはや陥らせる斜面はない。いずれにせよ、斜面が二つあるのではなく、複数あるのであり、その各々が面や襞を形成している。主体と客体という二つの頑丈な鉤が一旦引き抜かれてしまうと、いかにしてそれらの存在が自らの位置を保つのかと自問することは、アリストテレス的な秩

＊　民数記 11.5 を参照せよ。

序立てられた宇宙が失われるときに、恒星や銀河や惑星がどこに落下するのかと自問することと同じである。上下を備えた有限な世界という参照枠が相対的な運動によって下降させたり上昇させたりすることがなくなりさえすれば、銀河や惑星は独力で自らの位置を保つのである。同様に、他のものに還元することのできない諸存在は、何の問題もなく、相互に関係を持ちながら自らの位置を保っている。それらは、過剰も余剰もなく、自らの世界に休らっている。この点が認められるのであれば、自分の研究室と職業と酵母とを掻き混ぜるパストゥールについて熱意と熱気と情熱を持って語り、自分の崇拝物の準備をするカンドンブレの信者たちについて冷静さと精密さと距離感を持って考察することが可能になる。したがって、言語作用はもはや、幾つかの分野が熱くて他の分野が冷たく、幾つかの分野が開放的で他の分野が閉鎖的、幾つかの分野が精神的で他の分野が物質的であるような、存在論的な諸分野には対応しないので、言語作用をその用法に反する仕方で用いることを妨げるものは何もない。

別の言い方をするなら、物神事実の下半分が我々を神秘へ導いているのではない。その部分が暗いのは、ひとえに上部がそこに影を作っているからであり、その上部だけが明るさを求めているのである。その明るさを遠ざけようではないか。諸存在それ自体から来ているように見える青白い光に、我々の目はすぐに慣れる。その光は、あたかもコンピュータの平らな画面上で外部からの照明を受けずに点灯する画素配列のようである。神秘の言葉、声の震え、震え声、動揺、それら全てが、科学のみによって認識される単なる世界に付け加えることが求められていた、あの悪しき超越に起因していた。と言うのも、（科学の伝統的な像が実効的因果性で満たされた低俗なこの世を我々に描写してしまっている以上、）我々が自らの生活と混ぜ合わせている無数の存在の位置を定めることが我々にはできなくなっていたので、そしてまた、それらの存在を我々の自我の深奥に住まわせ、幻想やコンプレックスや記号表現の作用と見做すことも我々には容認できなかったので、神々や悪魔やラップ現象を起こす霊や女淫夢魔で満たされた別の世界——つまり異国の古道具屋、神秘的知識のための避難場所、「ニューエイジ」のあらゆる粗悪品のための屋根裏の物置——を作り上げる以外の手立てが、我々にはなかったのである。神秘について語ること、あるいはより悪い場合には、神秘的な声色で小声で語ること、それは全ての物神事実に対する冒涜となる。無論、崇拝物の物神事実に対してもそうであるが、研究室の物神事実に対してもそうである。世界を下部と上部に、自然と超自然に分割することは、パストゥールと彼の酵母を、患者とその患者の崇拝物を、巡礼者とその巡礼者の聖母を、ジャガンナートと彼の石を、同時に理解することを自らに禁じることになる。別の世界などないし、低俗なこの世というものもない。自我の幻想の中に陥る必要もない。この三つの排水孔が一旦塞がれると、もはや特別な神秘などない。あるいは少なくとも、神秘は、良識がそうであるように、この世で最も広く共有されたものになる。我々は皆、よく言われるように、「出来事によって幾分か超過されている」のである。

いかにして恐怖を転移するのか

崇拝物は一旦存在の中に配置されたのだから、精密で正確な言語でそれらについて語ることが可能であるということを仕様書に記入しよう。それらについて語るのに、異国趣味のいかなる舞台装置を用いる必要もないし、我々の世界とは異なる別の世界――それとの対比により我々の世界が平凡で低俗で充溢して因果的で理性的だと規定されるその別の世界――からそれらが到来したと信じる必要もない。それらの崇拝物の存在様式が他のものの存在様式から区別されるためには、更に何を付け加える必要があるだろうか。私はここで新たな困難に遭遇する。民族精神医学者たちが行っていることに関して、私は彼らが言っていることを信じるべきなのか、それとも彼らの実践を追跡すべきなのか。近代人のもとでは物神事実の上部と下部が完全に対立しているということを忘れないようにしよう。科学哲学者たちに関して言えることは、民族精神医学者たちに関しても言えるのである。ところで、私が参加している診療はパリ郊外で行われる。それは、フランス共和国の国土の外では決して出会うことのないような多様な諸民族を混ぜ合わせる。その診療は複数の言語で行われる。それはビデオに録画される。それは社会保障によって診療費が払い戻される。そこを訪れる移民の中には、彼らを新たに受け入れた地域にかなり前から同化している人々もいる。最後に、そこではボース地方〔パリ南西部〕やブルゴーニュ地方〔パリ南東部〕の出身者も治療を受けている。

これ以上に混成的で非伝統的な仕組みを想像するのは難しい。この仕組みが私の関心を引くのは、まさにそれが人工的な道具だからである。したがって、加速器や計算機に似たこの装置が、諸文化、真正さ、祖先への回帰、村の集会、バオバブの木、伝統的な治療師などについて論じるような、民族研究と言えるほどのものを身にまとっているということは、私の観点からは重要ではない。以下の論述で私は、広範囲にわたる重要性を持つこの実験的な道具によって生み出される効果を、それを定義するように思われるかもしれない民族誌学から、是非とも切り離したいと思う[49]。

ある特殊な類型の活力がそこで産出され、動員され、配置され、分配され、加工され、構築され、割り振られている。いかにしてこの活力を捉えるのか。いかにしてそれを定義するのか。この革新の性質自体と矛盾し、この革新の独創性を正当に評価することを妨げるように思われる、真正さの要求を遠ざけた後で、私には、もう一つの別の現象、確かに重要ではあるが、（少なくとも患者であり無学者である私の観点からは）その革新の意義を乱す現象を、遠ざける必要がある。病人たちに一つの同一性を取り戻させ、彼らに再び繋がりを与え、彼らを再土着化しようという努力が、治

（49）私の考えでは、このことがトビ・ナタンの仕事に対する一部の人類学者たちの無理解の理由となっている。彼らは、「民族性」の真正さを求め、それをトビ・ナタンの仕事の中に見出さないのであるが、ドゥヴルー研究所の研究室の独創性がまさにその人工的性質によるものであることを理解していないのである。共通の源泉である以下の著作に立ち戻ることが、なおも最良である。Georges DEVEREUX, *Essais d'ethnopsychiatrie générale* (3e éd.), Paris : Gallimard, 1983.

療によって為されるのである。ところが同一性の製作は、崇拝物が動員するのとは別の媒体、別の手段、別の手順、別の配置を要求する。猿を祖先とする我々白人たちにも、英雄やトーテムや氏族を祖先とする人々と同じくらいの繋がりが与えられている。[50] サッカー、ロック、麻薬、選挙、賃金制度、学校などは、先祖、人種、土地、死者たちなどと同じくらい確実に、繋がりを与えているのかもしれない。あるいは、少なくとも、諸文化の構築と変化はあまりにも複合的な現象であり、それらを、故郷へ帰ることでしか取り戻すことのできないような、一つの決定的な同一性という実体に帰することはできない。文化主義は、それを支えていた異国趣味と共に、もうかなり前に崩壊したのだ。[51] その亡霊を蘇らせることでは、もはや治療を説明することはできない。諸々の根があまりにも多くの方向に伸び、あまりにも急速に繋がり合い、あまりにも意外な枝分かれを持つ諸々の根茎を形成するので、病人たちをバウレ族として、カビール人として、あるいはボース地方の人として扱うことによって彼らに繋がりを与えることは期待できない。まさに今この瞬間における、世界の至る所での、移住と新たな諸文化の新生は、いずれにしても、そのような処理を不可能にするだろう。それに、アフリカ沿岸地方の黒人たちだけが強力な文化と根を下ろした祖先を有しており、白人たちは魂にも死者たちにも関与せずに彷徨していると想像することは、ド・ブロス部長評定官の人種主義を反転させることであり、つまり、これは私にとっては重大な罪であるが、対称性の原則に背くことである。

したがって我々の関心を引くのは、民族精神医学の理論家よりも、その実践者（臨床医）である。

実践者は何をしているのだろうか。彼は、ある特殊な類型の活力を明らかにする人工的な実験の仕組みの中で、幾つかの所作によって治療を行っている。我々は客体を大いに認識論化し、主体を大いに心理学化してきたので、その活力の存在を忘れてしまっていた。その実践者は偉大な「祈祷師」であり、私は、無能な医者を公然と批判するのに通常用いられるこの「祈祷師」という語に肯定的な意味を取り戻させるまでは、彼が何をしているのか理解できないだろう。(52) 治療の仕組みの中で、黒人も白人も、脱心理学化されるのである。サン＝ドニ市で立ち上げられた実験的な仕組みの

(50) この表象作用は常に運動状態にあるが、私はこれを意志の運搬と呼ぶ。この作用は、私の考えでは、一般的に政治的な事柄と呼ばれるものと一層合致している。猿を祖先とする人々に関しては、ダナ・ハラウェイの以下の著作を参照せよ。Donna HARAWAY, *Primate Visions: Gender, Race and Nature in the World of Modern Science*, London : Routledge and Kegan Paul, 1989 ; Donna HARAWAY, *Le Manifeste Cyborg et autres essais. Sciences, fictions, féminismes* (anthologie établie par Laurence ALLARD, Delphine GARDEY et Nathalie MAGNAN), Paris : Exils, 2007.

(51) トビ・ナタンによって刷新された治療における同一性の産出は、その曖昧な表現にも拘らず、いかなる点においても文化主義に基礎を置いているのではなく、診療の仕組みと全く同じくらい人工的な繋がりの——時には暴力的な——主意主義的な創出にその基礎を置いている。例えば以下の著作における最近の表明を参照せよ。Tobie NATHAN, *La Guerre des pays. Manifeste pour une psychothérapie démocratique*, Paris : Les Empêcheurs de penser en rond, 2006. 民族精神医学を反動的な思想から区別するのはこの点なので、この点は極めて重要である。反動的な思想は、逆に、自然的な同一性の中に永遠に閉じ込めようとする。ここでもまた、技巧は実在にとっての友であり、敵ではない。研究室の仕組みに関してもそうだし、民族への帰属の創出に関してもそうである。

極限的な状況を利用して私が切り離して考えたかったのは、まさにこの現象である。これが私の乳酸酵母だ。治療の決定的な革新は、私の考えでは、研究室の内部でのある「実行方法」の再創出に起因する。信仰と表象の概念では、この「実行方法」の効力を測定することができなかった。と言うのも、崇拝物は実体ではないのである。そもそも乳酸酵母も実体ではない。それらはいずれも行為なのだ。

　確かに民族誌学の文献はこのような術策の描写で溢れている。しかし、そこに描き出される野蛮人は、有り合わせのもので自作する理論家であり、自らの思考に応じて世界を切り分けるのである。その未開人は確かに救われたのだろうが、それは、我々が信仰というものを信じ、したがって知識というものを信じていたときに我々のものだと信じられていた思考、その思考と可能な限り近似した一つの理論家的な思考が、その未開人に付与されることによってであった。残念ながら、この弁護のために用いられた学識は、その全てを認識論者たちの理論に負っており、作業台での実践には何も負っていない[53]。諸理論を比較するのではなく、諸実践を——物神事実の傍らで先ほど定義された意味での諸実践を——比較しよう。ある思考体系の一貫性を描写するのに、人類学者の代わりを務められる人は誰もいないが、今ここで、パリ郊外で、診療と主意主義的な繋がりとから成る二重の技巧によって治療をする、その所作の効力を再創出するのに、民族精神医学者の代わりを務められる人は誰もいない。

　我々の仕様書は少しずつ長くなる。それらの崇拝物は存在する。それらは全くいかなる謎もない

（52） 以下の著作の第二部を成すイザベル・ステンゲルスの文章を参照せよ。Tobie NATHAN et Isabelle STENGERS, *Médecins et sorciers, op. cit.* 祈祷師は、「科学的に行おうという意志」によって学者になり、自らが行使する影響を理解する能力を失う。以下を参照せよ。Isabelle STENGERS, *La Volonté de faire science*, Paris : Les Empêcheurs de penser en rond, 2006. この文献は以下の著作に批判的でなく肯定的な意味を与えることを可能にする。Mikkel BORCH-JACOBSEN, *Souvenirs d'Anna O. Une mystification centenaire*, Paris : Aubier, 1995. いかなる学者も一度も客体に対して適用したことのなかった認識論的な理論モデルを人間に適用することで、つまり科学においては存在しない理論モデルの模倣によって、精神医学者たちは治療に固有の独創性を逸してしまったとのことである。有益な仕方で人間に「物を言わせる」ことを始めるためには、逆説的にも、パストゥールが彼の乳酸酵母を扱ったのと同じように人間を扱わなければならない。諸々の支配モデルのこのような混同の全容に関しては以下の著作を参照せよ。Isabelle STENGERS, *Cosmopolitiques, T. VII : Pour en finir avec la tolérance*, Paris : Éditions La Découverte, 1997.〔Isabelle STENGERS, *Cosmopolitiques II*, Paris : Éditions La Découverte, 2003, p. 285 et sq.〕

（53） レヴィ＝ストロースはずっと以前にこのような学識の文学的ジャンルを作り上げたが、学識についてのこのような理論は、言語の隠喩を脱して対象へ回帰しようとするマリカ・モイセーエフの非常に興味深い以下の論文の中にさえも、なおも見出される。Marika MOISSEEFF, « Les objets culturels aborigènes ou comment représenter l'irreprésentable〔土着の文化対象、あるいはいかにして表象不可能なものを表象するのか〕», *Genèses. Sciences sociales et histoire*, 17, 1994, pp. 8-32. 対象がそれに値すると彼女が見做すことのできる最高の尊厳とは、「純粋な記号表現」（p.28）の尊厳なのである。同様にマルク・オジェは、神々という対象を語るのに、それらを思考と見做す以上に高尚な仕方を見出さない。曰く、「その関係は、自らを表象するためにも、自らを語るためにも、そして自らを現実化するためにも物質を必要とし、その物質は、思考の対象になるためにその関係を必要とする。」（Marc AUGE, *Le Dieu objet*, Paris : Flammarion, 1988, p. 140.）カントから脱却することのできる民族誌学を見つけるのは極めて困難である。

実証的な言説の対象である。それらは実体ではなく「実行方法」である。どれほど人工的な状況の中でも、治療行為を中心に全てを考えれば、それらの崇拝物が黒人たちや白人たちをどのように通過するのかを知ることができる。

それらの崇拝物が定義できるようになる前に、もう一つの特徴を追加しよう。それらが神々とは混同されないという特徴である。私が現前化（la mise en présence）と呼ぶつもりのものによって救済する神々は、人格を製作するのには卓越した媒体であるが、治療をするのには貧弱な動因である。[54] 神々によって構成された主体は確かに死を逃れるが、だからと言って治癒するのではない。[55] 心理学によるかつての主体が、それ自身の上に、その内在性の只中に、自らの存在の全体を蓄積することができたのに対して、ここで現れる主体は、準客体〔ほぼ客体であるもの〕と混ざり合った準主体〔ほぼ主体であるもの〕であり、むしろパイ料理のように様々な媒体に横切られていて、その媒体の各々はそれを部分的に定義するが、決してそこで完全に停止することはない。今や垣間見られる——と少なくとも私は思いたい——ように、心理学の内在性と認識論の外在性との間の差異を放棄することは、「全てを混合する」ことには帰着しない。表象と事実の間の区別を失うことで、未分化のものの中に沈み込むのでは全くない。様々な媒体を追跡することは、逆に、近代の舞台装置によって課されたたった二つの区別以外の区別を線引きし直すことを可能にし、他の多くの対照的関係を記録するように我々を促すのだ。[56]

崇拝物に固有の捕らえ方は、どのようなものだろうか。それらの捕捉様式は、それらの通路は、どのようなものだろうか。崇拝物は、崇拝物を据えたり製作したりする人々を構築する。この特徴も仕様書の一部を成す。ジャガンナートが中庭の中央で彼の家族のシャリグラムを神聖化し非神聖化するその瞬間に理解したように、崇拝物なしでは我々は死ぬ。あるいはより正確には、崇拝物なしでは我々は、我々の存在を脅かすかもしれない他の崇拝物を追い払うことができない。したがって崇拝物の各々は、一つの反崇拝物として現れる。それらに対して注意深く処理することを怠れば、他の崇拝物がそれらに取って代わる恐れがある。それらを極めて特殊な種類の力関係と定義することで、大きく間違ってはいないのかもしれない。ジャンヌ・ファヴレ＝サーダは、その意味をまさ

---

(54) したがって、ユダヤ教とキリスト教とイスラム教が、定期的に崇拝物を断罪してきたのにも拘らず、それぞれが様々な形で、治療を、自らの神学に組み入れることのできないまま増殖させてきたということに、驚いてはならない。偶像との戦いに関するユダヤ教の「誤解」については以下の著作を参照せよ。Moshe HALBERTAL and Avishai MARGALIT, *Idolatry*, Cambridge, Mass. : Harvard University Press, 1992.

(55) 本書で検討されている媒介とは異なり、同一性と表象を生み出す意志の運搬とも異なるこの特殊な媒介を、私は人格の運搬と呼ぶ。以下の著作を参照せよ。Bruno LATOUR, *Jubiler ou les tourments de la parole religieuse*, Paris : Les Empêcheurs de penser en rond, 2002. 強調するまでもなく、ここで引き合いに出された実体のない神々は、科学の対象が認識論者たちの夢とは異なり、あるいは崇拝物が謎めいた霊や超自然的な存在とは異なるのと同様に、合理主義的な神学の神々とは異なる。

(56) 我々は今や、我々の唯一の指導者である「行為者たちそれ自体」にとって重要だと思われる主要な諸対照を記録するのに充分な数の分析装置を製作することによって、行為者網の白黒テレビをカラー映像に置き換えたいと思っている。この「存在の諸様式についての調査」は準備中である。〔Cf. Bruno LATOUR, *Enquête sur les modes d'existences. Une anthropologie des Modernes*, Paris : Éditions La Découvertes, 2012.〕

にこのように定義した。[57] その理論モデルを見出すためには、最近の霊長類学者たちが描写するような、[58] 猿についての複合的な社会学に目を向ける必要さえもあるのかもしれない。あるいは更に、マキャヴェッリによって分析され、国際関係の中でほぼ純粋な状態で見出されるような、幾つかの類型の政治的関係に目を向けるべきなのかもしれない。この件に関しては、心理学的なものは何もない。絶えず諸力によって脅かされている状態である。とは言えその諸力は、ある所作によって打破されたり、あるいはより正確には反転されたりしうるという特徴を持っている。「我々の生活の全ての竜たちは、救われるのを待っている美少女たちではないのか」と、リルケは尋ねた。* 自らの効果を継続的に及ぼす諸力の代わりに、ここには、竜から王女へ、豪華な四輪馬車からカボチャへ、シャリグラムから石へと、自らの成り行きを急激に変更することのできる諸力がある。それら諸力の影響下にあって為しうる最良のことは、より多くの予防策を講じ、「治療をする〔注意をする〕ことによって（en prenant soin）」、もう少しの間持続することである。ミシェル・セールは宗教を「不注意の反対物として」定義した。我々を脅かすような危難に対するこの一瞬ごとの注意の中には、確かに宗教的なものがある。我々を存在させてくれている人々は、我々を助けに来ることができないのだろうから。

　これらの崇拝物をようやく定義するために一つの単語を試してみよう。この語に関してトビ・ナタンが与える非常に素晴らしい説明を引き継いで、私はそれらの崇拝物を恐怖（frayeurs）** と呼ぶことを提案する。この語には、本質も人格も前提しないという利点がある。[59] 恐怖は、「雨が降る（il

（57）彼女の古典的な著作（Jeanne FAVRET-SAADA, *Les mots, la mort, les sorts*, Paris : Gallimard, 1977）、そしてとりわけ以下の論文を参照せよ。Jeanne FAVRET-SAADA et Josée CONTRERAS, « Ah ! La féline, la sale voisine... », *Terrain*, 14, 1990, pp. 20-31.

（58）Shirley STRUM, *Voyage chez les babouins*, Paris : Point, 1995. Frans DE WAAL, *De la réconciliation chez les primates*, Paris : Flammarion, 1992.

＊ Rainer Maria Rilke, *Briefe an einen jungen Dichter*, am 12. August 1904. リルケ著、高安国世訳『若き詩人への手紙／若き女性への手紙』新潮社、一九五三年、六五－六六頁（一九〇四年八月十二日の手紙）。「どうして私たちは、すべての民族の初期に見いだされる、あの古い神話を忘れることができましょう。それは、あわやと思う土壇場で、王女に変身する竜の神話です。おそらく私たちの生活のすべての竜は王女なのであって、ただ私たちが美しく勇気あるものになる瞬間を待っているのでしょう。おそらく恐ろしいものは、深くつきつめれば、すべて私たちに助力を求めている、途方にくれたものなのです。」

＊＊ この「frayeur」という語は、仏仏辞典『Petit Robert』では、「実際の危険または推測される危険によって引き起こされる一般的には一時的である激しい恐れ」と定義されている。破砕や破砕の音を意味するラテン語「fragor」を語源とするが、その語形と語義はフランス語の動詞「effrayer」の影響を受けている。動詞「effrayer」は「恐怖を与える」ことを意味するが、トビ・ナタンも強調するように、「平和から脱する」ことを意味する俗ラテン語「exfridare」を語源とする。この語源を踏まえてトビ・ナタンは、「frayeur」には次の二つの意味が含まれていると言う。①主体の通常の世界とは根本的に異なる世界の侵入による驚きと激しい恐れ。②主体の平和・平静状態を守る保護膜の外部への主体ないし主体の「核」の摘出。（Cf. Tobie NATHAN, *L'influence qui guérit, op. cit.*, pp. 223-225.）この語はまた、以上の語源とは無関係であるが、通行によって道を切り開くことを意味する動詞「frayer」との類似性から、「道を切り開くもの」という意味を連想させる。ラトゥールの用法は明らかにこの点を意識している。以上の意味合いを簡潔な日本語で表現することは不可能なので、本書ではこの語を単に「恐怖」と訳す。

pleut)」という〔非人称の〕文と同様に、人称を必要としない。崇拝物の特殊な存在様式を定義する、私が作成しようとしている仕様書が、実体が有しているような在るがままの頑なな存在性を全くもたらさないということを確認しておこう。恐怖は、それが有する諸関係の有害または有益な意味を突然反転させるはずである。それだけでなく恐怖は、更に、移行したり移行させたりするはずである。と言うのも、恐怖の主要な特徴は、それが主体のもとで決して停止しないということから生じるのだ。主体がもう少しの間無事でいるために、恐怖は主体に完全に無関心でなければならない。恐怖は移行し、通過し、主体に当たって跳ね返る。もし恐怖が主体に絡まるとすれば、それは過失によってであり、不注意によってであるとさえ言えよう。もし恐怖が主体に取り憑くとすれば、それは標的を間違えたのである。法則性のない一連の置換によって、恐怖は絶えずあらゆる存在をあらゆる存在に変換することができる。それゆえ、この恐怖が極度の恐れを掻き立てるのは当然のことである[60]。

私はこの用語を再利用することを躊躇しているが、しかし、上述の運動を描写するのに、恐怖の転移（transferts de frayeurs）という言葉を使いたいと思う[61]。もし私が用いる幾つかの用語が極度に不適切ではないとすれば、次のように言うことができるだろう。治療をするということは、どこからともなく到来した恐怖を、どこでも良いので別の場所に、より遠くに通過させるということであり、そして特に、とりわけ恐怖が停止しないようにするということ、恐怖が患者を別の人と取り違えてその患者のもとに定着することのないようにするということ、そしてその患者によって置換されるときには、常に異なる他の人々への常軌を逸した諸置換の連鎖の中に恐怖がその患者を運び去るようにするということである。そのためには、策略を弄する必要がある。策略は、この存在様式の全体を貫いてそこに宿っている。しばしば取引や交渉や交換などから借用した用語を用いて説明される、ある複雑な交渉を経ることで、恐怖を騙さなければならない。むしろここでは魅力（charme）という語を、現代の用法ではもはや失われてしまった強い意味〔「魔力」という意味〕をそれに再び与えて使ってみよう。「もしあなたが私を他の人と取り違えることがありうるのなら、あなたはその人

（59）Tobie NATHAN, *L'influence qui guérit*, *op. cit.* ナタンは、外的原因を持たないと思われる不安（angoisse）と、逆に常に外的な何かに起因し、その何かに関心を向けるべきである恐怖（frayeur）とを区別する。

（60）これらの存在論的な置換は、それ自体が、「他者としての存在」を踏査する多くの形式のうちの一つである。自由連想は、このような置換のかすかな反響を言語の中に留めるに過ぎない。つまりそれは、精神分析患者用の寝椅子という人工的な研究現場で「物を言わせる」連関についての、もう一つの解釈なのである。

（61）あるいは「転移的恐怖」（transfrayeurs）の方が良いだろう。精神分析の古い言葉を再び用いることに、思われているほどの危険はない。なぜなら、結局のところ、寝椅子、診察室、料金、職能団体、論争、著作、様式、創始者などが一旦再導入されると、それは最終的に、民族精神医学の仕組みと同じくらい人工的で、同じくらい非心理学的で、したがって同じくらい興味深い仕組みになる。この対称性の利点は、全ての「干し首製作者」たち〔精神科医のこと〕が同じ仕方で研究されうるということである。精神分析の理論は、それが諸主体に係わるものであり、真理を渇望する科学であると主張していたが、民族精神医学は、その精神分析の実践に、固有の物質的で集団的な文化を取り戻させる。物神事実と同様に、偽装が、実在するのか偽りのものなのかという威嚇的な選択に従うことを拒むということに、留意する必要がある。研究室でも寝椅子の上でも同様に、偽装は、人工的であることと真実との間の選択をまさに拒否し、別の道を開くのである。以下の著作を参照せよ。Mikkel BORCH-JACOBSEN, *Souvenirs d'Anna O.*, *op. cit.*

を私と取り違えるかもしれない」という、かなり一般的な表現に従って、魅力は恐怖に対して策略を弄することを可能にする。これは必要な欺瞞であり、神話には数多くの事例がある。では、心理学的な主体の代わりになるような、崇拝物を持つ準主体の暫定的な形式を想像してみよう。いずれも過失によってその準主体に取り憑くかもしれない諸々の恐怖に囲まれて、絶え間のない注意の対象である対抗的な恐怖に助けを求めるその準主体は、その各々が策略によって諸力を逸脱させる多数の魅力によって言わば巡察された、かなりゆったりとした一つの覆いの姿を示している。それは一つの主体ではない。その準主体には内面性も、意識も、意志もない。『アンチ・オイディプス』以来周知のように、パパ・ママ図式はまだその準主体を固定していない。もしその準主体が錯乱するとすれば、置換の諸連鎖を通じてそれが探り出す世界や宇宙や社会的なものと共に錯乱するのである[62]。いかなる同一性もまだその準主体を指し示していない。いかなる神もそれを一つの人格として作り上げていない。いかなる相互作用もそれを一つの実務能力の中に畳み込んでいない。いかなる繋がりもそれを一つの法の中に束縛していない。いかなる登場人物も何らかの作品によってそれに宿ろうとしていない。いかなる取引もそれに価値を与えようとしていない。しかしそれら全てのことにも拘らず、その覆いは幾分か存在しているのである。その覆いに関して言えることは、「反主体ではない」ということだけである。その覆いには、取り憑かれないために充分なだけの、もう少し持続するために充分なだけの布地がある。ただし、晩も朝も、夜も昼も、その覆いのために「用心する」ことが条件である。

それらの恐怖の不可視性が存在性の欠如に起因するのではないということを、今や我々は理解する。それはまた、霊魂と称されるものの地球外的、超感覚的、超自然的、超心理現象的な起源に起因するのでもない。力関係の転倒によって善から悪へまたは悪から善へと一挙に変化して、素早く意味を変えることができるはずのもの。憑依と狂気を免れるために他の場所へ通過しなければならないもの。自由連想によって宇宙の諸配合を探りつつ、一つの形式から別の形式へと絶えず置き換わるもの。狡猾な魅力の作用によって逸脱させられうるもの。——これら全ては、他の多くの用途に役立ち、全く異なる仕様書に従う「頑固な事実」とは逆に、継続して執拗に可視的であり続けるべきものではない。それらの存在が「人知を超えたもの（occulte）」だと言うとき、それが意味するのは、それらが灯台のように点滅している（à occultation）ということである。つまりそれらは現れては消える。恐怖の転移は、その実体が何らかの神秘を含んでいるから不可視的なのではなく、それどころか、その全く明瞭な適切性の条件に応じて、可視的であったり不可視的であったりする。言い換えるならば、神秘は恐怖の中にあるのではない。そうではなく、他の媒体に固有の適切性の条件が——最も多くの場合、情報運搬[63]の適切性の条件が——恐怖というこの特殊な媒体に適用されることによって生じる捻じれの中にのみ、神秘があるのだ。諸形式と諸指示の運搬を命じられたそ

（62） Gilles Deleuze et Félix Guattari, *L'Anti-Œdipe. Capitalisme et schizophrénie*, Paris : Minuit, 1972.〔ジル・ドゥルーズ、フェリックス・ガタリ著、宇野邦一訳『アンチ・オイディプス、資本主義と分裂症』上下巻、河出書房新社、二〇〇六年。〕

れらの言葉は、異国情緒の愛好家たちを困惑させる「アブラカダブラ」と同じくらい、内容に乏しいように思われる。魅力は、天使たちと同じように、とても不正確な伝達者である。[64]

これらの不可視的なものの横断を私の貧弱な言語で再定式化することによって、民族精神医学を理解したとも、それについての理論を作ったとも、主張するつもりはない。私が関心を持ったのは、無論、ただ私自身に対してであり、あるいはむしろ、反物神崇拝という近代的宿命の中に閉じ込められて、固有の人類学が常に剥奪されようとしている、あの哀れな白人たちに対してである。診療は、まさにその技巧によって、我々がいるパリ郊外において、不可視的なものの検出に相応しい研究室環境を再創出している。その診療は、回を重ねるにつれて、諸々の巧みな治療行為や、しっかりと作られた諸対象を提示する。それらは言説を逃れるようにも思われるが、しかし、その言説に関しては、逆に、動員される諸存在の仕様書を作成し、それらの存在が行為へ関与する際の適切性の条件を明示しさえすれば、正確な描写が可能であるように私には思われる。[65]私は幾つかの用語を、それらがかつての〈大分割〉の両側を通過できるように、丁寧に選んだに過ぎない。それらの用語は、(客体を有さない)心理学にも(主体を有さない)認識論にも収容できるとは私には思われなかったある類型の現象を掃き集める。今や我々は比較のためのより対称的でより広範な土台を手に入れたので、以上の再定式化によって提起することが可能になる以下のような問いのみが私の関心事となる。——白人たちが他の人々以上に心理を有しているのではないのだから、彼らの崇拝物とは何なのか。彼らの覆いと彼らの準主体の暫定的で脆弱な構築に不可欠な、不可視的なものとは何なのか。恐怖を逸脱させて他の場所へ転移させるために、彼らはどうすべきなのか。どのような魅力を、どのような策略を、どのような仕組みを用いるのか。彼らの治療師たちは誰なのか。彼らの民族精神医学者たちは誰なのか。(66)

いかにして「出来事に超過された」行為を理解するのか(67)

なぜマファルダの父親は、この短い漫画の最後のコマで、これほどまで怯え、自分の箱に残っていた全ての煙草をはさみで強迫的に切り刻むのだろうか。それは単に、手に負えない少女マファ

---

(63) 私はこれを、私の暗語で、コンピュータのマウスを念頭において、「ダブル・クリック」情報と呼んでいる。これは、(少なくともそのように思い描かれているということだが、)瞬時にあらゆる情報を取得するのに、いかなる特殊な媒介も前提としない。

(64) Bruno LATOUR, « Quand les anges deviennent de bien mauvais messagers », *Terrain*, 14, 1990, pp. 76-91.

(65) 言語化できない実践という考え自体が、科学的言説の明示的な形式主義についての認識論者たちの幻想のみに起因していたということを、忘れないようにしよう。私の同僚たちと私は、科学の仕事を言葉で表現することの困難を、苦労して学んだ。しかし、そのことから、いかなる実践も他の実践より明示化することが易しかったり難しかったりすることはない。形式主義に関しては、その表題だけでそれ相応の研究計画を示しているブライアン・ロットマンの以下の試論を参照せよ。Brian ROTMAN, *Ad Infinitum... The Ghost in Turing's Machine. Taking God Out of Mathematics and Putting the Body Back In*, Stanford : Stanford University Press, 1993.

図 1-6　キノ著『マファルダ』（Quino, *Mafalda, Tome 10 : Le club de Mafalda*, 1986, Éditions Glénat, p. 22）

ルダが、父親の罪のない行為を描写するのに受動的な形態を用いたからである。「何をしているの、パパ？」と彼女は最初のコマで尋ねる。「煙草を吸っているのだけど、それが？」と父親は、特に何も思うところなく答える。「ああ、煙草がパパを吸っているような気がしたの。でも気にしないで。」とマファルダは、ついでのように言う。それで父親は激しく心を乱すのだ。彼は職場での辛い一日を終えて自分の肘掛け椅子に心地良く座っている落ち着いた父親のつもりでいたのに、娘には彼が耐え難い怪物に見えた。つまり、タールとニコチンの粉塵の大きな雲の中で、自分を吸わせるために一人の男を捕らえている一本の煙草、そして煙草の付属物、道具、仲介物としての父親、煙草の煙草になった父親……。動揺を引き起こして、「誓って約束するが、もう煙草はやめる。」と言わせるのには充分である。この約束に従う確信を得るために、私は箱の中の自分の煙草を全て吸い殻のように小さく切り、私を奴隷にしていたその偶像を破砕する。とても小さな部分に砕くので、もう二度とその偶像は私を捕らえられないだろうし、もう二度と私はそれを手にすることができないだろう。たとえそうしたいという欲求が、よく言われるように、「再び私を捕らえる」としても。

マファルダのこの話は、愉快ではあるが、見掛け上の奥深さしかない。最初のコマと最後のコマの間で、確かに極端から極端へ移行する。最初は、父親は自分がほぼ完全に支配している罪のない悪癖に身を委ねているつもりである。しかし最後には、彼は煙草を粉々にすることでしか、自分を繫ぐ鎖を断ち切ることができない。その煙草は彼をあまりにも完全に支配しているので、娘にはその混合体が一人の男を吸う一本の煙草のように見えたのだ。最初も最後も、どちらの場合も読者は、支配性について論じることができると思い続ける。「私は煙草を吸う」という能動的形態から、「あ

(66) もし我々がこれらの問いに答えられないのであれば、対称性は打ち砕かれ、それゆえ白人たちは物神を持たないということになっただろう。二重に破砕され巧妙に修繕された諸物神の経験的な探査に取り掛かるのなら、例えばそれらを医薬や麻薬の驚くべき役割の中に見出すことができるはずである。医薬についてはPhilippe PIGNARRE, *Les deux médecines. Médicaments, psychotropes et suggestion thérapeutique* (Paris : Éditions La Découverte, 1995)、麻薬についてはÉmilie GOMARTの前掲論文、より新しいものとしてはAndrew LAKOFF, *La raison pharmaceutique* (Paris : Les Empêcheurs de penser en rond, 2008) を参照せよ。医学についての最近の社会学者たちの仕事の重要性がまさに示されている。以下を参照せよ。Anne-Marie MOL, *The Body Multiple : Ontology in Medical Practice* (*Science and Cultural Theory*), Durham : Duke University Press, 2003〔邦訳はアネマリー・モル著、浜田明範・田口陽子訳『多としての身体——医療実践における存在論』水声社、二〇一六年〕; Charis THOMPSON, *Making Parents — The Ontological Choreography of Reproductive Technologies*, Cambridge, Mass. : MIT Press, 2005.

(67) この章は以下の論文からの改作である。Bruno LATOUR, « Factures/fractures. De la notion de réseau à celle d'attachement » *in* André MICOUD et Michel PERONI, *Ce qui nous relie*, La Tour-d'Aigues : Éditions de l'Aube, 2000.

なたは煙草に吸われる」という受動的形態へ、支配者と道具の配置以外は何も変わらない。父親はある位置から別の位置へ急激に入れ替わる。つまり最初の絵ではあまりにも心地良くしており、最後の絵ではあまりにも激しく心を乱されている。しかし、もし支配性の不在こそが、能動的形態も受動的形態も我々の結び付きを規定することができないということこそが、むしろ問われているとすればどうだろうか。動詞の能動的でも受動的でもない形態としてギリシア語で「中動態」と呼ばれているものについて、いかにして的確に論じることができるだろうか。[68] 言い換えるならば、物神事実は、常に客体と主体が結び付けられている諸形態を、我々が過剰に真に受けないで済むようにしてくれる。つまり、「動かすもの」は、それが支配的な主体であろうが原因となる客体であろうが、決して因果性としての力を有していない。そして「動かされるもの」は、必ずその行為を変形するのであり、したがって用具的な客体も物化された主体も生み出さない。物神事実についての思考は数分間の順化の時間を要求するが、その不格好な形式を前にした驚きの瞬間が過ぎれば、日を追うごとに増々ありえないように思われるのは、客体と主体、製作者と被製作者、行為者と被行為者という、陳腐化された形象の方である。

私はそれらの形象を、目の眩むような弁証法的な効果によってもう一度「乗り越える」ことを目指すのではなく、それらをただ単に無視しようと努めたい。先ほどの漫画の小さなコマを見れば良く分かる。中央の絵の場面でマファルダが思っていることとは反対に、煙草が父親を「吸う」ことはないとしても、しかしながら煙草には、父親に吸わせることは、間違いなくできるのである。この「させる」ということは極めて捉え難いようで、それゆえマファルダの父親は、二つの伝統的な仕方によってそれを免れられると考える。なぜなら、最初に彼は、自分の行為を制御できると考える。つまり彼は行動し、煙草は何もしない。そして最後に彼は、自分が客体によって完全に制御されていると考える。つまり煙草は何事かを為し、父親は何もしない。これが、自由と疎外という二つの特有語であり、これらの特有語が、あなたも彼らも誰も支配していない物事をあなたにさせることのできる「物神事実」の奇妙な状況を、避けることを可能にしている。いかにして支配性というこの麻薬の中毒から回復するのか。これは驚くべき問いであり、ほとんど矛盾する問いである。つまり、いかにして解放という嗜癖性薬物から自らを解放するのか。

どちらがより確実に殺すだろうか。絶対的な自由が一つの神話であるという理由で、疎外され

---

(68) Émile Benveniste, « Actif et moyen dans le verbe », *Problèmes de linguistique générale, tome 1*, Paris : Gallimard, « Tel », 1974, pp. 168-175.〔エミール・バンヴェニスト著、岸本道夫・川村正夫その他訳『一般言語学の諸問題』第十二章「動詞の能動態と中動態」みすず書房、一九八三年、一六五–一七三頁。〕無論「中動」という表現は、能動と受動が文法の自明の理となった後の、後付けの合理化に過ぎない。この短くも決定的な章の中で、バンヴェニストは、中動を受動的形態の祖型と見做す。最古の対立は中動を能動から区別するのである。「このような対立の働き方については、ありとあらゆる変化の例を挙げることができる（…）。こうした対立は、どのような場合にも、結局は、主辞が過程の外にあるか内にあるかに従って主辞の過程に対する立場を位置づけ、主辞が単に事を行うか（能動態の場合）、みずからもその影響を被りつつ事を行うか（中動態の場合）に従って動作主としての資格を定めることに帰着する。」(p. 173)〔邦訳一七一頁〕。

た者を致死的な束縛から解き放すことを拒む人だろうか。それとも、遂に完全に自立して自身の支配者となった主体を本当に疎外から解放すると言い張るが、その主体が自身に何かをさせることのできる他の人々と関係を結ぶための手段を――すなわち媒介を――その主体に与えない人だろうか。数年前であれば私は、紛れもなく前者であると即座に回答したであろう。今日では、恥じることなく白状するが、私は躊躇する。今後は私の憤慨は、二つの戦線で、反動主義者と進歩主義者を、反近代人と近代人を、同様に攻撃することを求める。[69] 諸々の結び付きを他の結び付きに置き換えると言う人々、不健全な繋がりを断ち切ることを主張するときには、自己の支配者としての主体には――それは今や文字通り客体を持たない（sans objet〔根拠のない〕）ものとなったのだから――決して注意を引き付けずに、救済的な別の繋がりを私に示す人々、そういう人々だけが私の関心を引き、私を安心させる。自由の身、解放、自由放任・自由通行といった言葉は、もはや「進歩人」たちの自動的な賛同をもたらしてはならない。常に掲げられた人民を導く〈自由〉の旗を前にしても、それ自体が結び付けるものである物事の中から、良い繋がり、長続きする繋がりを提供する物事を、注意深く選別することが望ましい。物神事実の信奉者は――物神事実によって掌握された者、物神事実によって許可された者は――今後、パブロフ的な条件反射によって解放を最高善に結び付けることは拒むだろう。つまり、自由についての一切の理想は今や、限定承認によって展開するのである。

マファルダの父親は、箱に入った自分の煙草を「脱構築」しながらも、その聖像破壊的な行動にも拘らず、自立には到達しないだろう。彼は、無邪気さの極限から激しい心の乱れの極限まで、四つの段階を経て移行したに過ぎない。つまり、彼は自分が自由だと思っていたが、娘から見れば奴隷であることが分かり、取り乱して、自分を繋ぐ鎖を断ち切って自由になる。ところが彼は、（煙草を持った）自分の自由を信じている状態から、（煙草を持たない）自分の自由を信じている別の状態へ移行したに過ぎない。もし仮に彼が物神事実の傍らで生きたのだとすれば、この問題児マファルダによる批判に対して、彼はどのように対応すべきだったのだろうか。「あなたは自分の煙草に吸われている」という受動的形態を、中動態の日本語における正当な近似[*]として理解することで対応すべきだったのだ。つまり、彼は次のように答えるべきだった。「そうだよ、我が娘マファルダ。確かに私は私の煙草によって拘束されており、煙草は私に煙草を吸わせている。けれどもそ

(69) ピエール・ルジャンドル（例えば以下の著作を参照せよ。Pierre LEGENDRE, *Leçon I. La 901e conclusion. Étude sur le théâtre de la Raison*, Paris : Fayard, 1998）の影響は、思うに、あの急激な状況の変化によって説明される。つまり、先行する全ての世代が期待したり、あるいは恐れたりするだけで、決して本当に解き放すことのなかった諸存在、それだけ過去の鎖が固く繋ぎ止めていた諸存在が、我々の目の前で突然解放されたのである。この経験は今や全うされた。ルジャンドルが彼特有の預言的な暴力を伴って言うように、「父なる人々よ、あなたたちは生ける屍たちを生み出したのだ」。それに対する彼の解決案は、ローマ法よりもむしろラカンから取り入れられたものであるが、残念ながら、結び付きを忘却し、ただ空虚のみによって定義されるある権力の至上権を諸主体に押し付けることに帰着する。そうすることによって、「させる」ことの多種多様な源泉がより一層徹底的に消去されるのである。

＊ 原文は「en langue française」（フランス語における）。

こには、煙草にとっても私にとっても、決定的な行為のようなものは何もないのだよ。私は煙草を制御していないし、煙草も私を制御していない。私は煙草に結び付けられていて、いかなる解放を夢想することもできないけれど、もしかすると他の諸々の結び付きが、今のこの結び付きに置き換わるかもしれない。ただし、私の心が激しく乱されたり、お前が私に対して、典型的な批判的社会学者のように、離脱という理想を押し付けたりしないというのが条件だ。そのような理想は、確実に私を殺してしまうだろう……。」[70] ある結び付きを別の結び付きに置換することはできるが、結び付けられたものから結び付きが解かれたものへ移行することはできない。以上が、父が娘に言うべきことである。諸主体の作動や感動や情熱を理解するためには、それらを何かに結び付けて作動させているものに目を向けなければならない[71]。

このような屈託のない態度は、自由についての問いを再提起することを可能にする。その際、聖像破壊者たちが適切に用いることのできなかった主題、そして彼らだけに独占的に使用する権利を与える理由の全くないその主題を、彼らから引き継ぐことができる。実際、「支配者なしで生きる」という同一の標語は、物神事実の傍らで生きるのか、客体と主体の間で悩まされながら生きるのかによって、全く異なる二つの計画を示すのである。自由とは、支配者なしで生きることだろうか、それとも支配性なしで生きることだろうか。この二つの計画は、することとされることが似ていないのと同じくらい似ていない。第一の計画は、ある支配者から別の支配者への移行を、結合から離脱への移行と混同することに帰着する。「神も支配者も不要だ」という解放の願望の背後で、悪い支配者を良い支配者に置き換える願望が表現されている。それは最も多くの場合、ピエール・ルジャンドルの表現に従えば、〈至上者〉の圧政的な制度を、「君主としての私」による同様に圧政的な制度に切り替えることを意味する。たとえ自由をもはや決定的な分離作用としてではなく、一つの置換として理解することを受け入れるとしても、ここでは自由はなおも、ある支配性を別の支配性に切り替えることに存している。しかし、いつになれば我々は、支配性という理想自体を手放すことができるのだろうか。いつになれば我々は、自由の果実を遂に味わい始めるのだろうか。つ

---

(70) 心理学において中動態の展開を可能にするということが、「アフォーダンス」(約束性〔対象に対する主体の行為の可能性を提供する意味的な関係性〕)という考えの大きな力である。以下の著作を参照せよ。James J. GIBSON, *The Ecological Approach to Visual Perception*, London : Lawrence Erlbaum Associates, 1986.〔初出は一九七九年。邦訳はJ・J・ギブソン著、古崎敬ほか訳『生態学的視覚論――ヒトの知覚世界を探る』サイエンス社、一九八六年。〕また、通常の行為形態についてのロラン・テヴノの以下の研究論文も参照せよ。Laurent THEVENOT, « Le régime de familiarité. Des choses en personne », *Genèses*, 17, 1994, pp. 72-101.

(71) しかも、バンヴェニストによって作成された常に中動態である動詞の一覧の中には、話す(〔ギリシア語〕phàto,〔ラテン語〕loquor)という動詞が含まれている。発話行為に関して、ラング〔言語体系〕とパロール〔言語行為〕の関係という定義とは全く異なる定義がそこにあると考えると、これは奇妙なことである。興味深いことに、その一覧の中には、有名な「生まれる」と「死ぬ」に加えて、「後に付いて行く、ある運動に合わせて動く」(〔ラテン語〕sequor)という動詞もあるが、これは、「社会的な」言語を形成するのに役立った語群全体の源泉となるものである。更には、「精神的動揺を感じる」や「措置を講じる」などもある(p.172／邦訳一六九頁)。要するに、基本的な人類学の全体が、中動態を要求し、能動態と遅れて来た形態である受動態の両方を無視するように思われる。

まり支配者なしで、特に君主としての私なしで、生き始めるのだろうか。これが第二の計画であり、それは同じ標語に全く異なる意味を与える。別の指揮官の代わりに指揮権を行使することとしての自由と、全く指揮権を持たない生活としての自由が、混同されていた。解放と離脱という理想が袋小路にしてしまっていた道を、物神事実の力を借りて、自由の表現が再び歩むのだ。つまり自由とは今や、存在を可能にする諸々の繋がりが剥奪されないという権利である。そしてそれらの繋がりからは、決定についての一切の理想や、無からの創造に関する一切の神学が取り除かれている。結び付けられたものと切り離されたものの間のかつての対立を、悪い結び付きから良い結び付きへの置換に切り替えなければならないことは確かである。しかし、その第一の考え方が与えていたかもしれない息苦しさの印象は、もし我々がそれをあらゆる支配性からの解放という第二の考え方で補完するならば、完全に変化する。つまり、結び付きの組織網のあらゆる点において、結び目は「させること」の結び目であり、「すること」や「されること」の結び目ではない。少なくともこれが新たな解放の計画であり、それはかつての計画と同じくらい力強く、かつての計画より遥かに信頼できる。なぜならこの計画は、支配性なしで生きることと結び付きなしで生きることを二度と混同しないように強いるのである。

このことによって、過去の文化や遠方の文化は、それほど深くまで不可解なものではなくなる。しかじかの崇拝物やしかじかの財産に絶えず結び付け直されているのでなければ生きることができないと、極めて率直に告白する諸々の存在形式を、決定と自由、他律と自律といった対立概念で、いかにして理解できるというのだろうか。[72] 物神ないし物神崇拝という概念は、まさに、必然性や自由という言葉を用いる人々と、自分たちを存在させている多くの存在によって自分たちが掌握されていることを知っている人々との間の、衝突に由来する。[73] 娘によって放たれた、自分の物神によって完全に支配されているという非難を前にして、マファルダの父親は、致命的な結び付きに再び陥らないことを確信するために、自分の偶像を夢中になって破砕する以外の解決策を持たない。彼の熱狂的な反応は、彼が近代人であることを証明するが、彼自身と彼の娘を生きさせているはずの繋がりを理解するための彼の適正については、何も好ましいことは予測させない。〈西洋〉や〈近代〉という漠然とした用語が何を意味するのかということについては、常に議論が為されている。我々はそれらを比較的単純に定義することができる。つまり、自らの諸々の物神事実を破砕し

（72） 財産の結び付きについての問いは、崇拝物の結び付きについての問いと同様に、簡単に解決できるものではなく、外部性という鍵となる概念だけでは、まさにそれが終結を目指すものであるのにも拘らず、議論を終結させるのには充分ではない。以下を参照せよ。Michel CALLON (edited by), *The Laws of the Markets*, London : Routledge, 1998 ; Michel CALLON et Bruno LATOUR, « "Tu ne calculeras pas" ou comment symétriser le don et le capital », *Nouvelle revue du MAUSS*, 9, 1997, pp. 45-70. 選択の自由や市場の組織化についての論証においては、社会科学における無活動についての諸理論と全く同じ理論が再び用いられている。

（73） ピーツの全書（PIETZ, *op. cit.*）に加えて、金の科学的計量の歴史と物神崇拝であるという非難との関係についてのサイモン・シャッファーの以下の素晴らしい分析を参照せよ。Simon SCHAFFER, « Golden means : assay instruments and the geography of precision in the Guinea trade », *in* Marie-Noëlle BOURGUET, Christian LICOPPE and H. Otto SIBUM (edited by), *Instruments*, Travel and Science, London : Routledge, 2002.

た者には、〈他の人々〉が奇妙に結び付けられた存在のように見え、マファルダの目に映るマファルダの父親と同様に、自らの信仰と自らの受動性に捕らえられて身動きが取れなくなった怪物のように見えるのである。(74) しかし、父親を理解していないのは娘の方であり、〈他者〉を理解していないのは〈西洋〉の方である。〈他者〉は離脱の理想との対照で異国的なものとされるが、その理想は〈他者〉を確実に殺すだろう。――ただし、〈他者〉がその理想を本当に適用するほどに無分別であった場合に限られるが。〈他者〉に行動をさせている諸々の結び付きをその〈他者〉のもとに見ることのできない人は、ただそのことによって、自らが〈西洋人〉だと思い込み、〈他者〉たちは〈西洋人〉ではないと、それゆえ全くの〈他者〉であると想像する。しかし〈他者〉たちは、まさに彼らを結び付けているものによってのみ異なるのである。〈彼ら〉と〈我々〉の間の大分割の代わりに、離脱した者と捕らえられて動けない者の間の大分割の代わりに、ここでもまた、しかじかの存在によって結び付けられた人々と他のしかじかの存在によって結び付けられた人々との間の、多くの小さな分割を導入することが適切である。作用者の諸転移の独特の性質が大きな違いを生むのであり、事実や物神、合理性や非合理性によるあらゆる形の支配から免れようとする、唖然とさせられるような野望が違いを生むのではない。誰もが諸々の結び付きから他性を受け取るのであり、解放された者と疎外された者、地元を離れた者と土地に定着している者、動的な者と固定的な者などの間の、根本的な差異から他性を受け取るのではない。(75)

もし一つの共通の世界の段階的な形成のことを政治と呼ぶのであれば、その世界の一員となることを切望する全ての人々に対して、彼らを存在させている諸々の帰属や結び付きを外部ないし舞台裏に置いておくことを最初に要求するような、そんな共通の世界というものを想像することがかなり困難であるということは、難なく理解されるだろう。しかも儀式の支配者である西洋人たちは、彼らが「他者」たちに適用する自粛と離脱の規則を自分たちには適用しないように、かなり用心している。彼らが有している諸々の結び付きは、〈自然〉と〈社会〉、必然性による統治と自由による統治という、彼ら自身の伝統の二つの巨大な収集者ないし蓄積者によって、単に要請されているのである。「グローバル化」という言葉の使用は、共通の世界というものが必然的にその二つの統治のどちらかの何らかの形での拡張であるだろうと、信じさせることを可能にしている。招待する側の国々の見解によれば、議論の全体的な枠組みを議論する余地はないのだ。またしてもグローバル無駄話*である。しかし、政治の対象であり、イザベル・ステンゲルスが「世界政治《コスモポリティック》」(76)と呼ぶもの

(74) 批判的思想——特にフランクフルト学派——によって考案された「内的な」異国趣味についても同様である。この異国趣味は、ヨーロッパとアメリカの諸文化を、やはり奇妙に結び付けられた、操られた集団へと変貌させた。物神についての思想が外側で演じたのと同じ他性の異国趣味化の役割を、批判的思想は内側で演じるのだ。エドワード・サイードは極めて適切に東洋趣味（オリエンタリズム）を描写した。——誰が、批判的思想家たちの目に映る白人たちについての西洋趣味を描写するのだろうか。

(75) この大分割に関する事柄の全体と、自然という抵当が解かれた後の文化の諸範疇の再検討に関しては、以下の著作を参照せよ。Philippe DESCOLA, *Par-delà nature et culture*, *op. cit.*

(76) Isabelle STENGERS, *Cosmopolitiques*, Paris : Éditions La Découverte, 1996-1997.

の対象である共通の世界が、グローバル化に類似したものであることを示すものは何もない。全てのことが示しているのは、逆に、〈自然〉による因果的決定と〈至上者〉による恣意的裁定という二つの蓄積者では、共通の世界の段階的な形成に関する論争を終わらせるには、もはや充分ではないということである。もはや疎外から解放へ進むのではなく錯綜から更に錯綜した状態へ進む世界、もはや前近代から近代へ進むのではなく近代から非近代へ進む世界、そのような世界においては、諸決定と諸解放についての伝統的な分配は、「グローバル化」を定義するのにはもはや何の役にも立たない。「グローバル化」の困難に対しては、今のところ、政治的悟性では太刀打ちできないのである。[77] マファルダの父親の機械的な反応にも拘らず、もはや偶像を粉々にして隷属状態から自由へと急激に移行することが重要なのではなく、諸々の結び付きそれ自体の中に救うものと殺すものとを引き込むことが重要なのである。

（77）『自然の政治――いかにして科学を民主主義に導入するのか』（Bruno LATOUR, *Politique de la nature. Comment faire entrer les sciences en démocratie*, Paris : Éditions La Découverte, 1999）の中で為された努力は、このような目標に向けられている。つまり、〈自然〉と〈社会〉という二つの伝統的な要請者に――現状に適応できなくなった二院制に――訴えることなく、共通の世界を集合させることのできる一つの集合体を定義するという目的である。

＊ 原文の「globaliverne」（グローバル無駄話）は「global」（グローバルな）と「baliverne」（無駄話）を結合させた造語。

結論

この考察の中で私は、「近代の物神事実崇拝」に三つの異なる意味を与えた。最初に私は、批判的思想においてそうするのが習慣であるように、「物神」および「崇拝」という語の軽蔑的な意味を再利用した。すると、近代人が——そのことを誇りに思うにせよ、そのことによって絶望するにせよ——信じていたこととは逆に、彼らが物神を持たないようにも、崇拝を持たないようにも、もはや思われないのである。彼らはそれを持っている。しかも全ての中で最も奇妙なそれを。つまり彼らは、彼らが製作している物に対して、彼らがそれらの物に与えている自立性を否認し、あるいは、それらの物を製作している人々に対して、それらの物がそれらの人々に与えている自立性を否認する。彼らは、出来事によって超過されてはいないと主張するのである。彼らは支配性を保持することを望み、その支配性の源泉を行為の起源としての人間的主体の中に見出すことを望む[78]。あるいはまた、今や我々にとって馴染みのものとなった急激な入れ替わりに従って、行為を人間の働きによって説明することの不可能性に落胆した近代人たちは、〈源泉としての主体〉を言語、遺伝子、テクスト、領野、無意識などの様々な因果性の諸効果の中に水没させて、殺すことを望む。「サルトル的主体が主張していた完全な支配性と自由とを主体が有していない以上、もはや誰もそれを有することはないだろう！」と、彼らは激高して叫ぶ。そして彼らは、破砕された彼らの偶像の山積みの上に人間を投げ捨てる。次に回収業者がごみ捨て場に行って、そこで「権利主体」を応急修理するだろう。実存主義、構造主義、人権、それらは次々と現れる物神崇拝の化身である。つまり、自分たちは物神や信仰や素朴さを永遠に葬り去ったのだと信じ、それゆえ自分たちが非常に利口であると信じている人々の化身である。しかし実際は誰も——彼ら自身さえも——素朴に物神を信じたことは一度もないのだ。

次に私は上記の表現を二番目の意味で捉えた。それは、物神事実という語と崇拝という語に再び価値と力を与えるものだった。この仮説は遥かに単純であり、近代人は実践においてそれを決して放棄していない。つまり、行動する者は自分が行うことを支配しておらず、他の多くのものが行為へ及び、その行為はそれらのものを超過するのである。しかしながら、主体を絶望の海に沈めることを許可するものは何もない。主体を溶解させることのできる酸はどこにも存在しない。主体は、自らが所有していない自立性を、その主体のおかげで生じる諸存在に与えることで、自立性を受け取るのである。主体は媒介から学ぶ。主体は諸々の物神事実から生じる。物神事実なしでは主体は死ぬだろう。もしこの表現が困難に思われるのであれば、あらゆる歯車、伝動装置、矛盾、フィードバック、修繕、周転円、弁証法、歪曲を伴い、可視的であると同時に不可視的でもある自らの糸に絡まり、信仰、後ろめたさ、不誠実、潜在性、幻惑などに浸る、あの〈操り人形かつ人形遣い〉の信じ難い装備と比較してもらいたい。近代人は、物神事実より単純にしようとして、より複雑にしてしまった。より明快にしようとして、より難解にしてしまった。天使を作ろうとする者は人間を作るのである。

そう、近代人は物神事実や媒介や通路を明示的に崇拝しなければならない。なぜなら、彼らは自分たちのしていることを支配したことが一度もなく、それで全く問題がないのだから。少しばかり人形遣いに尋問しさえすれば、操り人形の比喩は丁度良いときに現れたと言える。[79] 誰もが言うように、あらゆる創造者や操り手が言うように、人形遣いは、自分の操り人形たちが自分にどのように

(78) フランソワ・ジュリアンの著作 (François JULLIEN, *La Propension des choses*, Paris : Seuil, « Travaux », 1992) の中には、中国における別の行為論が見出される。それは、内在性と超越性、主体と客体のどちらも考慮に入れない理論なので、西洋人たちの行為論とも一致しない。ジュリアンの解釈では、白人たちが決して手放すことのなかった実践、しかし彼らの哲学が興味深い政治的な理由からしばしば否認することを望んだ実践に、中国人が一つの言語を提供しているようである。

(79) 「マリオネット」(marionnette 操り人形) の語源を忘れないでおこう。その語源が極めて都合よく我々に思い起こさせるように、それは、優れて媒介的な処女たる「マリア像 (mariole)」、「小さな聖母マリア」を意味する、愛情の込められた表現なのである。

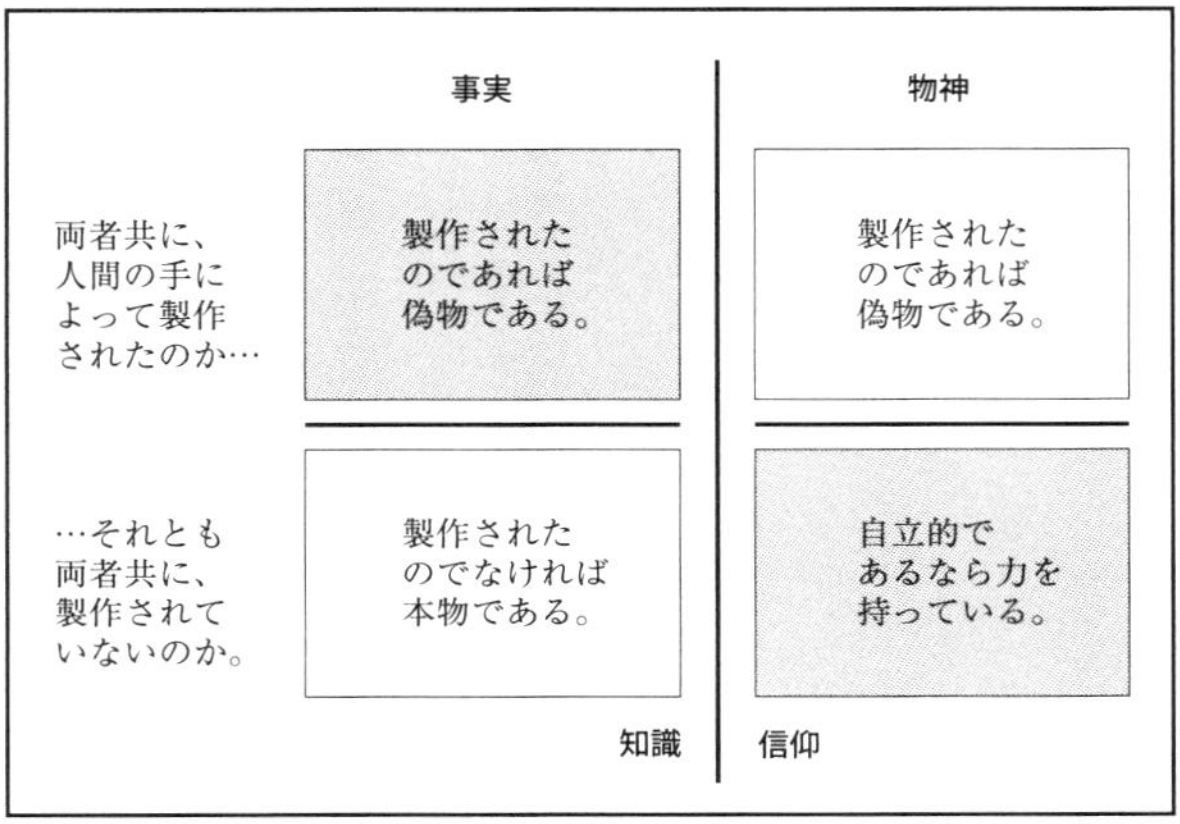

	事実	物神
両者共に、人間の手によって製作されたのか…	製作されたのであれば偽物である。	製作されたのであれば偽物である。
…それとも両者共に、製作されていないのか。	製作されたのでなければ本物である。	自立的であるなら力を持っている。
	知識	信仰

図 1-7　公認の状況においては、〈知識〉と〈信仰〉の区別は、事実と物神を分離することに成功する。なぜならこの区別は、どちらの場合においても、否定的なものである製作を肯定的なものであるその成果から分離し、物神に関しては上の四角のみ、事実に関しては下の四角のみを考慮に入れるのである。

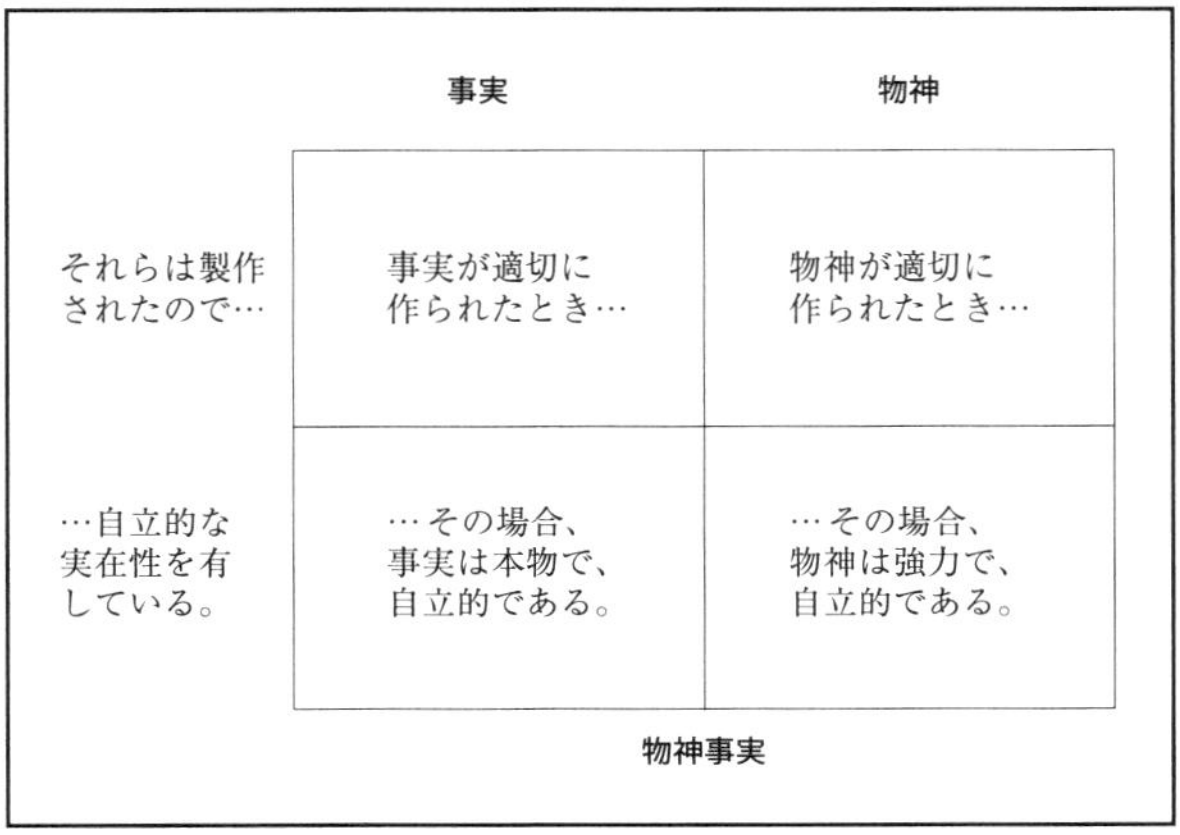

	事実	物神
それらは製作されたので…	事実が適切に作られたとき…	物神が適切に作られたとき…
…自立的な実在性を有している。	…その場合、事実は本物で、自立的である。	…その場合、物神は強力で、自立的である。
	物神事実	

図 1-8　非公認の状況においては、製作はもはや否定されず、事実にとっても物神にとっても、良い製作なのか悪い製作なのかが問題になる。

行動すべきかを命じている、と言うだろう。操り人形たちが自分に行動をさせている、自分を通じて操り人形たちが自らを表現している、自分はそれらを操ることも機械のように扱うこともできない、と彼はあなたに言うだろう。彼は、自分が制御するものによって自分が幾分か超過されていることを、隠さずに打ち明けるだろう。しかしここで、第二の地位にある別の人形遣いが最初の芸術家を操りに来ると仮定しよう。その候補者には事欠かないだろう。テクスト、言語、時代精神、ハビトゥス〔社会的に獲得された性向〕、社会、パラダイム、エピステーメー、様式など、どのような要因であれ、人形遣いが自分の操り人形を掌握するのと同じように、その人形遣いを掌握するのに役立つだろう。しかし、それらの動因をどれだけ強力なものにしようとも、人形遣いが自分の操り人形によって超過されるのと同じように、それらの動因はまさにその人形遣いによって超過されるだろう。あなたには決してそれ以上のことはできないだろう。あなたには決してその人形遣いをより厳密に掌握することはできないだろう。力を伝達し、潜在力を現働化し、可能性を実現する因果関係の連鎖の代わりに、あなたが手に入れるのは、決して、軽度の超過の連鎖以上のものではないだろう。そう、出来事である。出来事とは、物神事実とそれに対して為されるべき崇拝との、もう一つの名である。

　しかし連鎖を最後まで遡ろう。遂に支配者であり遂に創造者であるような糸の操り手、絶対的な力を持つ存在、全知全能の昔風の神を仮定してみよう。それでも何も変わらないだろう。その操り手にはこれまで以上のことはできないだろう。諸々の創造物の中の一つであるその操り手もまた、自らが為すことによって幾分か超過され、自らが製作するものによって自分が何であるかを知らされ、自らの創造物と接触することで自らの自立性を獲得するだろう。同様に我々も、誰もが、他の諸存在との遭遇の機会に、その一瞬前まで我々にとって可能であると知らなかったことを発見することで、生活の糧を得ているのである。反物神崇拝の全くの盛大さと諸成果の背後に、創造についての一つの神学、非常に哀れで非常に不敬虔な一つの神学が隠されている。つまり、自分の為すことによって超過されておらず、自らの創造物を支配しているような、創造者たる神を我々は思い描いているのだ。そのような神の存在を我々が否定するときでさえも――とりわけそのような神を否定するときに――しかしながら我々は、まさにそのような行為の型を人間のために横取りしようとするのである。社会構成主義は素人向けの創造説である。[80] しかし、〈源泉としての神〉による創造がないのと同様に、〈源泉としての人間〉による構成もない。構成者たる人間の傲慢を創造者たる神の太い操り糸によって貶めようとする聖職者たちは、全ての束縛を断ち切り、自らが製作するものを自らの下に置いて支配し、自らの上にはいかなる支配者もいないと主張する解放奴隷たちと同じくらい、思い違いをしている。技師が機械を支配するだろう、パストゥールが自作の乳酸酵母を、プログラマーが自作のプログラムを、創造者が自分の創造物を、著者が自分の文章を、彫刻家が自作のユピテル像を支配するだろう。――まさか、そうお考えだろうか。しかし、そのようなことを考えるには、そのような不敬虔なことを発言するには、一度も行動したことがないのでなければならない。神が一つの被造物であるからこそ、そして我々が神に対して有しているのと同様の自立性を我々の創造物も我々に対して有しているからこそ、我々は構成や創造という言葉を偽りなく再利用することができるのである。(81) もし我々があまりにも長い間、決定論や自由や恩恵から成る装置を必要としていたとすれば、それは物神事実を理解していなかったからなのかもしれない。「神も支配者もいない」という言葉は、無政府主義者たちだけの標語の役割を果たすべきではないだろう。あらゆる点において行為を可能にする、破砕されては修復される目に見えないあの諸々の影像、それらの影像の台座にも、その言葉を刻むべきだろう。出来事があるのなら、誰もその支配者ではな

(80) それゆえ構成主義に対する批判は、その批判の基盤となる行為論を徹底的に論じるのでなければ、それほど遠くまで導くことは決してない。このことは、イアン・ハッキングの哀れな努力を見れば明確に分かる。Ian HACKING, *Entre science et réalité : la construction sociale de quoi ?*, Paris : Éditions La Découverte, 2001.〔原著は Ian HACKING, *The Social Construction of What ?*, Cambridge, Mass. : Harvard University Press, 1999. 邦訳はイアン・ハッキング著、出口康夫・久米暁訳『何が社会的に構成されるのか』（部分訳）、岩波書店、二〇〇六年。〕

(81) 神学において発見は稀であるが、創造者としての神に関してホワイトヘッドによって為された発見は確かにその一つである。実際のところ彼は、発見というよりも、むしろ誰もが以前から既に理解していたことを、別の言葉で、別の仕方で理解する。つまり、ホワイトヘッドの神は受肉しているのである。「あらゆる現実的存在は、この自己原因という特質を神と共有している。この理由で、各々の現実存在は、神をも含む自分以外のすべての現実的存在を超越するという特質を神と共有している。」Alfred North WHITEHEAD, *Procès et réalité. Essai de cosmologie*, Paris : Gallimard, 1995, p. 358.〔原著は Alfred North WHITEHEAD, *Process and Reality, An Essay in Cosmology*, New York : The Free Press, 1978, p. 222. 邦訳はA・N・ホワイトヘッド著、平林康之訳『過程と実在、コスモロジーへの試論2』みすず書房、一九八三年、三二六頁。〕

く、とりわけ神はその支配者ではない。

「ジン〔アラブ世界における民間信仰の対象、精霊、魔人〕の流入を認めるべきだろうか」と、トビ・ナタンが尋ねていたが、これが本論の題名に私が与えた最後の、三番目の意味である。移民たちは、自分たちの崇拝対象を連れてパリ郊外や更にはパリ市内を歩き回るが、故郷を離れているとは言え再定着して生活しているので、彼らの物神への崇拝はむしろ近代的なものである。いずれにせよその崇拝は、彼らの過去の諸々の崇拝とは全く似ていない。しかしながら、我々自身は信仰を脱して知識を深めたのに対して移民たちは粗野な物質を素朴に崇敬していると我々が執拗に信じていたその一方で、移民たちは、あくまで自らの神々を信じないようにすることで、我々のために通路についての知恵を再形成した。民族精神医学はもしかすると移民たちを治療しているのかもしれず、それは結構なことであるが、私はそれを判断する立場にはない。しかし、いずれの場合も移民たちは我々を治療しているのであり、私はそのことを立証することができる。彼らは、諸々の存在を多様で興味深く脆弱な状態で維持するのであり、それらが執拗に持続したり我々の心理に起因したりすることを要求しない。したがって彼らは、我々のために、製作と実在、支配と創造、構成主義と実在論、などの間の差異をほぐしてくれる。我々が婉曲な言葉でしか通過できなかった所を、彼らは長話をしながら通過するのである。(82) 彼らは、我々の科学と我々の技術を——彼らがそれらについて無知であると、あるいはそれらが彼らを支配していると、信じることができたかもしれないこれらの製作物を——我々がより正確に捉えることを可能にする。思い切って白状するなら、乳酸酵母に関して、もし私がそれをカンドンブレの崇拝物の明かりで照らすならば、私はそれにより大きな正確さを見出すのである。比較人類学の共通世界の中では、諸々の照明が交差する。ホワイトヘッドが言うように、諸差異は、尊重されたり無視されたり包摂されたりするためにそこにあるのではなく、感情を捕らえる釣り針として役立つために、思考にとっての糧として役立つために、そこにあるのだ。「Lures for feelings, food for thought（感情の囮、思考の糧）」。

(82) Émilie HERMANT, *Clinique de l'infortune : la psychothérapie à l'épreuve de la détresse sociale*, Paris : Les Empêcheurs de penser en rond, 2004.

聖像衝突 ①

図 2-1　『聖骸布』(The Shroud) アルベルト・ジリオによる映像作品[(2)]

典型的な聖像衝突

この画像はあるビデオ映像から抜き出したものである。それは何を意味しているのだろうか。赤い服を着てヘルメットと斧で武装したフーリガンたちが、ある貴重な芸術作品を保護している補強された板ガラスを打ち砕いている。彼らはガラスを乱暴に叩き、ガラスは砕け散り、その一方でこの行為に呼応して群集の間で恐怖ゆえの深い叫び声が沸き起こるが、群集は下の方にいて、どれほど激怒していようとも、その略奪行為を妨げることはできない。またしても、何らかの監視用ビデオカメラによって録画された、ヴァンダリズム〔文化・芸術に対する破壊行為〕の一例なのだろうか。そうではない。数年前のことであるが、勇敢なイタリア人の消防士たちが、トリノの大聖堂で、大きな被害をもたらす火災から貴重な聖骸布を救い出すために、自らの命を危険に晒しているのである。[*] その火災が、取り乱した群集の、恐怖に怯えた叫び声を引き起こしている。防火服と保護ヘルメットを装着した消防士たちは、畏敬すべき聖骸布を保護する目的でその周りに設置された、補強された板ガラスで作られた厚い箱を、斧で破砕しようとしている。その箱は聖骸布をヴァンダリズムから守るためのものではなく、崇敬者や巡礼者たちの常軌を逸した情熱から守るためのものである。彼らは、聖骸布を小さく引き裂いてこの上なく貴重なその聖遺物を手に入れるためなら、何事にも屈しなかっただろうと思われるのだ。奇妙な逆説であるが、その箱は崇敬者たちに対して非常にしっかりと保護されているので、板ガラスの破砕という外見上暴力的な行為がなければ、それを猛火から守られた安全な場所に置くことができないのである……。聖像破壊（icono*clasme*）とは、その破壊行為が何を意味するのかが分かっており、それが一つの破壊計画として明確に現れ、その動機が何であるかが分かっている場合である。聖像衝突（icono*clash*）または聖像危機（icono*crise*）とは、逆に、分からない場合、躊躇する場合であり、補足的な手掛かりなしでは破壊的なのか構築的なのか知ることのできない行為によって動揺している場合である。この展覧会は聖像衝突を論じるのであり、聖像破壊を論じるのではない。

（1） *Iconoclash. Au-delà de la guerre des images*〔聖像衝突。像論争の彼方へ〕。オード・タンスラン（Aude Tincelin）による英語からのフランス語訳。英語版は以下の通り。Bruno LATOUR, « What is Iconoclash? or Is there a world beyond the image wars ? » *in* Bruno LATOUR and Peter WEIBEL (edited by), *Iconoclash. Beyond the Image Wars in Science, Religion and Art*, Cambridge, Mass. : MIT Press, 2002.〔ラトゥールはフランス語訳の際に、翻訳者によるものとは思われない非常に多くの加筆修正を行っている。我々は英語版を参考資料として用いつつも、フランス語版からの日本語訳を原則とする。〕

（2） VHSカラー映像、二〇〇〇年八月（Alberto di Giglio audiovisual, viale Leonardo de Vinci, 83, 00145 Roma, Italia).

＊ 一九九七年四月十一日、トリノ市の聖ヨハネ大聖堂の火災。

なぜ像はこれほどの情熱を掻き立てるのか

「人類の歴史における最初の一神教がエジプトにおいて見出されるという事実をフロイトが強調するとき、彼は完全に正しい。そこで初めて（アクエンアテン〔アメンホテプ四世〕によって）区別が為されたのであり、その区別が、排除された人々の憎悪を招いた。世界に憎悪が存在するのはそれ以来であり、憎悪を乗り越える唯一の手段はその起源に立ち戻ることである。[3]」展覧会『聖像衝突（Iconoclash）』の目的をこれ以上適切に要約する引用は他にはない。[4] この展覧会とこのカタログで我々が提案するのは、憎悪と狂信の考古学である。[5]

なぜだろうか。それは我々が、真と偽の間の、人間を起源とする一切の仲介物を完全に取り除いた純粋な世界と人間を起源とする不純ではあるが魅惑的な媒介物によって合成された忌まわしい世界との間の、相対的ではなく絶対的な区別の源泉を探し求めているからである。「像なしで済ますことさえできれば。そうすれば〈神〉への、〈自然〉への、〈真実〉への、〈科学〉への私たちの通路が、どれだけ卓越したものになり、より純粋でより速いものになることか。」――このように言う人々がいる。それに対して他の人々（時には同じ人々）は次のように答える。「残念ながら（あるいは幸運にも）、私たちは像なしで、あらゆる種類、あらゆる形式の仲介物や媒介物なしで、済ますことはできない。なぜならそれこそが〈神〉への、〈自然〉への、〈真実〉への、〈科学〉への、私たちにとっての唯一の通路なのだから。」　この板挟みこそが、我々が資料で裏付け、理解し、更には回避したいと思っていることである。マリ＝ジョゼ・モンザンがビザンティン帝国の像論争についての見事な要約の中で述べているように、「真実は像であるが、真実の像は存在しない（La vérité est image, mais il n'y a pas d'image de la vérité.）」(6)。

一体何が起こって、像が（像という言葉で我々は、他のものに到達するための媒介の役割を果たすあらゆる記号や芸術作品や記載物や絵画のことを言おうとしているのだが、その像が）これほどの情熱の対象になったのか。像の破壊や消去や破損が、信仰や学識や批判的洞察や芸術的創造性を

（3）　Jan ASSMANN, *Moïse l'Égyptien, Un essai d'histoire de la mémoire*, Paris : Aubier, 2001, p. 283.〔原著は *Moses der Ägypter. Entzifferung einer Gedächtnisspur*, München : Hanser, 1998. 邦訳はヤン・アスマン著、安川晴基訳『エジプト人モーセ／ある記憶痕跡の解読』藤原書店、二〇一六年、二九二頁。〕

（4）　当然ながら展覧会の運営委員としての私の特権は、この膨大なカタログへの導入として最初に語ることに尽きるのであり、カタログに収められた様々な声は完全に不調和である。

（5）　狂信者やその他の熱狂者たち（Schwärmer）の系譜に関しては以下の報告を参照せよ。Dominique COLAS, *Le Glaive et le fléau : généalogie du fanatisme et de la société civile*, Paris : Grasset, 1992 ; Olivier CHRISTIN, *Une révolution symbolique, L'iconoclasme huguenot et la reconstruction catholique*, Paris : Minuit, 1991.

（6）　本カタログ〔前掲書 Bruno LATOUR and Peter WEIBEL, *Iconoclash. Beyond the Image Wars in Science, Religion and Art*〕所収の彼の論文〔pp. 324-335, « The Holy Shroud. How Invisible Hands Weave the Undecidable »〕ならびに以下の著作を参照せよ。Marie-José MONDZAIN, *Image, icône, économie, Les sources byzantines de l'imaginaire contemporain*, Paris : Seuil, 1996.

正当化する最後の試金石と見做されうるまでになったのは、何が起こったからなのか。聖像破壊者であることが、知識者集団において、最高の美徳として、最大の信仰心として現れうるまでになったのは、何が起こったからなのか。

他方で、それらの像の破壊者たち、それらの「神の破壊者」、聖像破壊者、「観念の破壊者」たちが今度は、並外れた量の新たな像、甦らされた聖像、新たな力を与えられた媒介物、すなわち、より大きな媒体的な流れ、より強力な諸観念、より力強い諸偶像を生成したのは、一体どうしてなのか*。あたかもある対象の形象を損なうことが直ちに新たな諸形象を生成するかのようであり、あたかも形象の剥奪とその「再生産」が必然的に同時的であるかのようである[7]。ペマ・コンチョクが我々の黙想の対象として提供するとても小さな仏像の頭部は、文化革命の際に近衛兵によって破損された後もなお、嘲笑的で卑屈で悲痛な、新たな表情を持つに至るのだ……。

そして、各々の聖像危機の後で、破壊された彫像を応急修理し、その断片を保存し、その残存物を保護することに、どこまでも配慮が為されるが、一体何がこの状況を説明することができるのか。あたかも、非常に美しい物の破壊に対して、この全く醜悪な行為に対して、謝罪することが常に必要であるかのようだ。あたかも、極めて切迫して極めて不可欠であるとこれまで思われてきた破壊行為の役割と理由が、急に不確かになったかのようだ。あたかも、何か他のものが誤って破壊されてしまったことに破壊者が急に気付き、それ以後はその何かに対する贖罪が期待されているかのようだ。美術館とは、大きな破壊に対する改悛のための供犠が為される聖堂のことではないだろうか。

図 2-2 チベットの文化革命の際に壊された仏像の頭部(8)

それはあたかも、破壊行為の停止が突然求められ、保存と保護と修復に対する無制限の崇拝が始まるかのようだ。

それが、この展覧会がしようとしていることである。つまり、寄せ集められ、壊され、修復され、応急修理され、改めて描写された雑多な諸対象、それらが乱雑に散らかったこの場所は、訪問者たちに、以下の一連の問いについての黙想の機会を与える。

なぜ像はこれほどまでの憎悪を招くのか。

像を葬り去ろうとする力がどのようなものであれ、なぜ像はいつも回帰するのか。

なぜ聖像破壊者たちの槌は、常に打ち損ねる傾向があり、極めて重要であることが事後的に明らかになる別の何かを破壊する傾向があるのか。

禁じられた像に対する崇拝によって生み出された、魅惑、反感、破壊、贖罪から成るこの循環の彼方に赴くことは、いかにして可能なのか。

聖像破壊についての展覧会

類似する他の多くの企画とは逆に、それは聖像破壊的な展覧会ではなく、聖像破壊についての展覧会である。[9] この展覧会は、像破壊への渇望を中断しようと努め、我々が少しの間立ち止まり、槌を横に置いておくことを要求する。それは、供犠の刃物で武装して供犠の子羊の喉を切る準備のできた我々の供犠の腕を、天使が到来して中断させるように祈る。それは、像破壊に対する崇拝を裏返し、包み込み、封印しようと試みて、その崇拝に一つの施設を、一つの用地を、美術館的な空間を、黙想と驚きの場所を与えようと試みる。他の全ての言語の支配者として君臨するメタ言語として聖像破壊を理解するのではなく、むしろ聖像破壊に対する崇拝それ自体が今度は尋問され鑑定される。方策だった聖像破壊が研究対象になる。ミゲル・ターメンの著作の見事な題名によって提案さ

（7） ヌーシャテルの聖像破壊者ファレル（Guillaume Farel）は、あるカトリック教会の蔵書を燃やして彫像を破壊したが、その数世紀後には、それ以来空になったその教会の前に建てられた彫像によって、彼自身が崇められた。展覧会のカタログの中のレショによる図版と文章を参照せよ。〔Pierre-Olivier LÉCHOT, « "Idols Fall and the Gospel Arises!" The Farel Memorial in Neuchâtel: History of a Paradox », in *Iconoclash, op. cit.*, pp. 214-217.〕ある偶像をある聖像に（あるいは視点を変えれば、ある偶像を別の偶像に）置き換える最も際立った事例は、セルジュ・グリュジンスキによって描写されている。（Serge GRUZINSKI, *La Colonisation de l'imaginaire, Sociétés indigènes et occidentalisation dans le Mexique espagnol, XVIe-XVIIIe siècle*, Paris : Gallimard, 1988.）それはスペインによるメキシコ征服の期間中のことであり、聖職者たちが、征服された聖職者たちに、「偶像」が打ち砕かれて地面に散らばっているまさにその場所で、聖母マリアの彫像を見守るように求めたのである。

（8） 個人の収集品。写真はエリック・ダヴィロン（Éric Daviron）。ＺＫＭ（Zentrum für Kunst und Medientechnologie in Karlsruhe）資料室。〔以下を参照せよ。Pema KONCHOK, « Buddhism as a Focus of Iconoclash in Asia », in *Iconoclash, op. cit.*, pp. 40-59.〕

＊ 観念（idée）と偶像（idole）はどちらも語源的には「姿・形」を意味するギリシア語の「エイドス」（εἶδος）に遡る。

れた言葉を用いるのなら、我々は、訪問者や読者が「解釈可能な諸対象の友」[10]になることを願っている。

ある意味でこの展覧会は、手に係わるある種の所作ないし運動についての人類学*に関して資料を提供し、その人類学を展示し、その人類学を行うことを試みている。しかじかの媒体ないし記載物が人の手で作られていると述べることは、何を意味するのだろうか。

美術史家や神学者たちが明確に示したように、聖別され称賛され崇敬されている多くの聖像は、アケイロポイエートスであると、すなわち人の手で作られたのではないと見做されている。キリストの顔、聖母マリアの肖像、ヴェロニカ聖顔布など、他の仲介物が関与することなく天から降って来たとされる聖像の例は多い。取るに足りないある人間の画家がそれらの聖像を製作したということを示すことは、それらの力を弱め、それらの起源を穢し、それらを冒涜することに等しいだろう。したがって、像に手を結び付けることは、像を毀損し、批判することに等しい。宗教一般についても同様である。宗教が人の手で作られていると述べることは、通常は崇拝対象の超越性を撤廃することであり、彼岸による救済への一切の望みを放棄することである。

より一般的に言うならば、批判精神とは、宗教の聖性、物神への信仰、超越性の崇拝、天から送られた聖像、イデオロギーの力などを解体するために、至る所で人間の手が働いていることを示すものである。人間の手がしかじかの像の製作に従事したことが分かれば分かるほど、真実を伝達しようとするその像の力は弱くなる。古代から批判者たちは、他の人々に空想的な物神を信じさせようとする人々の狡猾な意図を絶えず告発してきた。** そのような意図の不誠実さを暴き出すための策略は、いつも、作品の起源の卑小さを示し、裏工作する人や模造品の作者や舞台裏の詐欺師が手を下している現場を差し押さえ、彼らの卑小さを示すことである。

科学についても同様である。そこでもまた、客観性はアケイロポイエートスであると、つまり人の手で作られたのではないと仮定される。人間的な科学製作の現場で手が働いていることを示すことは、客観性の聖性を穢し、超越性を崩壊させ、真実へ到達しようとする一切の要求を禁じ、手に

（9） 例えば二〇〇一年にベルンとストラスブールで行われた以下の展覧会を参照せよ。Cécile DUPEUX, Peter JEZLER et al., (sous la direction), *Iconoclasme, vie et mort de l'image médiévale*, Paris : Somogy éditions d'art, 2001. ベルンでの展覧会は、十字架という上位の象徴表現の名においてカトリック的な像の権力から町を解放した、聖像の破砕者たる勇敢なプロテスタントたちに敬意を表して全面的に構想されていた。そしてそれは、蝋細工の人物たちが無益な聖杯や聖遺物箱を鋳造して有益なスイス金貨を作らせる様子を示すジオラマに辿り着くのだ。しかし、聖像衝突の極端な一例として、最後の部屋では破砕された彫像の残存物が展示されていたが、それらの醜悪なカトリック的偶像は、四世紀の時を経て貴重な芸術作品となって信心深く保存されているのだ。ただし聖像衝突の可能性に関しては、訪問者に対していかなる表示も与えられていなかったが……。『犯罪としての絵画』と題されたルーヴル美術館でのレジス・ミシェルの展覧会でも、同じ「聖像破壊的信仰心」が見出される。（Régis MICHEL, *La Peinture comme crime*, Paris : Réunion des musées nationaux, 2002.）

（10） Miguel TAMEN, *Friends of Interpretable Objects*, Cambridge, Mass. : Harvard University Press, 2001.

＊ フランス語版には「anthologie」（選集）とあるが、英語原典に従って「anthropologie」（人類学）と読む。

＊＊ 英語原典に従って訳文を修正した。

することのできる唯一の光源を灰に帰す行為だとして、糾弾される危険を冒すことである。科学的客観性を司る諸々の像の背後や水面下で作業をしている人間——研究室にいる科学者たち——について語る人々を、我々は聖像破壊者と見做している。そこには確かに逆説がある。つまり、科学者が真実に接近することを可能にしている諸々の像を崇めることは、科学的真実を破壊しようとすることと同じだとされるのだ。製作物という非難から科学を擁護し、「社会的に構築された」というレッテルが科学に貼られるのを避けるための唯一の手段は、どうやら、いかなる人間の手も決して科学が産出した像に触れていないと主張することのようだ[11]。したがって、科学と宗教の両方の場合において、手が仕事に従事しているのが示されるとき、それは常に、槌やたいまつを握った手である。つまり常に、批判的、破壊的な手である。

そしてもし、真実の把握や客観性の産出や崇拝対象の製作にとって、実は手が不可欠だとしたらどうだろうか。もし、しかじかの像が人の手で作られたと主張することが、真実へ到達しようとするその像の力を減らすのではなく増やすのだとしたら、何が起こるだろうか。それは、批判的な精神状態の終息と、反物神崇拝の終焉を意味するだろう。批判が要求することとは逆に、人間の作業が示されれば示されるほど、実在性や聖性や崇敬がより良く把握されると、主張できるかもしれない。像、媒介、仲介物、聖像などを増やせば増やすほど、それらを公開的に製作すればするほど、それらを明示的かつ公然と構築すればするほど、真実や聖性を受け入れ、取りまとめ、寄せ集めるそれらのものの能力が尊重されると、主張できるかもしれない。(ラテン語「レレゲレ(relegere)」

〔再び集める〕はフランス語「ルリジョン（religion）」〔宗教〕の多様な語源のうちの一つである。*）マイケル・タウシグが非常に素晴らしい仕方で示したように、秘儀伝授の中で神々を呼び出すのに必要な術策を開示すればするほど、それらの崇拝対象の現前についての確信が強くなる[12]。人間の勤労と策略を開示することは、超越的な諸存在への一切の通路を剥奪するどころか、そのような通路を強固なものにするはずである。

したがって、聖像衝突ないし聖像危機を、媒介物の産出における勤労する手の正確な役割について、いつまでも不確かさが残るときに起こること、と定義することができる。それは、暴き出し、告発し、信用を失わせ、意思表明をし、失望させ、魔力を失わせ、幻想を一掃し、誇張を正す用意のできた、槌で武装した手だろうか。それとも逆に、真実と聖性を捕まえ、明確にし、引き出し、受け入れ、生成し、受け取り、維持し、取りまとめるかのように開かれた、慎重で注意深い手だろうか。

（11） Lorraine DASTON and Peter GALISON, « The image of objectivity », *Representations*, 40, 1992, pp. 81-128. また、以下に所収のガリソンの論文〔Peter GALISON, « Judgment against Objectivity »〕を参照せよ。Caroline A. JONES and Peter GALISON (edited by), *Picturing Science, Producing Art*, New York : Routledge, 1998.

（12） Michael TAUSSIG, *Defacement, Public Secrecy and the Labor of the Negative*, Stanford : Stanford University Press, 1999.

＊ ラトゥールは「religere」と記しているが、文脈から「relegere」のことだと解した。ラテン語「religiō」のもう一つの有力な語源としては「religāre」（結び付ける）が挙げられることが多い。

それゆえ、〔モーセの十戒の〕第二戒律に従うことは不可能である。「あなたはいかなる像も造ってはならない。上は天にあり、下は地にあり、また地の下の水の中にある、いかなるものの形も造ってはならない。」*四年間にわたって我々が構想を練ったこの展覧会の、緊張関係と意図を回避しようとしても無駄である。この展覧会は第二戒律に抵触するのだ。我々は確かにこの戒律を正しく理解したのだろうか。我々はその意味に関して長期にわたる恐ろしい間違いを犯してはいないだろうか。完全に非聖像的な社会、科学、宗教を求める要求と、情報媒体に依存した我々の諸文化を特徴付ける途方もない像の氾濫とを、我々はいかにして折り合わせることができるのか。

もし像がそれほど危険なら、なぜ我々はこれほど多くの像を持っているのか。もし像が罪のないものであるなら、なぜ像はこれほど多くの、これほど長続きする情熱を引き起こすのか。これが、訪問者と読者の目の前で我々が繰り広げたいと思っている謎であり、不確かさであり、視覚的な難問であり、聖像衝突である。

宗教、科学、芸術——三つの異なる像製作の様式

我々が想像した実験あるいはむしろ「思考の展覧会」は、宗教、科学、現代芸術という、聖像衝突の三つの源泉を取りまとめることに存する。我々は、このカタログとこの展覧会で公開される多種多様な作品、場所、出来事、事例を、その三角形の配置によって引き起こされた緊張関係の中心

に位置付けたいと思う。

『聖像衝突』が多くの宗教的な資料を収集しているとしても、それは何らかの敬虔な巡礼を確実に追跡するためではない。それが数多くの科学的な記載物を提示しているとしても、それは教育を目的とする科学博物館ではない。それが数多くの芸術作品を集めているとしても、それは芸術的な展覧会ではない。訪問者や運営委員や読者である我々の一人一人が、上述の像の三類型の各々に対して、信仰、激高、熱狂、感嘆、不信、魅惑、疑惑、遺恨についての異なる様式を受け入れているからこそ、専らそれゆえに、我々はそれらの像が相互に関係を持つように仕向けるのである。我々の関心を引くのは、それらの像の干渉によって引き起こされる更に複合的な様式である。

聖像と偶像

しかしなぜ、これほど多くの宗教的な聖像をこの展覧会に持ち込むのだろうか。それらは美的判断によって空虚なものとされ、美術史に吸収され、型にはまった信仰心によって通俗化されたのではなかったか。永久に廃れたのではなかったか。しかしながら、ターリバーンがアフガニスタンのバーミヤーンの大仏を破壊したことに対する反発のことを思い起こしさえすれば、なおも宗教的な像こそが最も激しい感情を招く像であることが理解できる。[13] アクエンアテンの「神破壊」*以来、寺

* 出エジプト記20.4。新共同訳。

院や教会やモスクを破壊し、物神や偶像を燃やして大々的にかがり火を焚くことは、なおも世界中の多くの人々の日常的な活動である。それは、ヤン・アスマンの言う「モーセの区別」が為された時代においても全く同じだった。「あなたたちは、彼らの祭壇を引き倒し、石柱を打ち砕き、アシュラ像を切り倒しなさい。」（出エジプト記34.13〔新共同訳〕）偶像を燃やすというのは、エトナ火山の常に差し迫った溶岩流と同じくらい、現前的で燃えるようで猛烈で潜行的な命令である。それは、二〇〇一年の「マンダロム（Mandarom）」（フランス南部のある信者集団によって建てられたあの醜悪な巨像）の破壊という滑稽な事例においても同様である。信者たちはこの破壊をアフガニスタンの大仏の終末と比較したのだった……。

無論、偶像破壊は宗教的な人々に限られるのではない。自らの究極の義務、自らの最も切迫した責任が、トーテムポールを破壊したり、イデオロギーを暴き出したり、偶像崇拝者たちの誤りを正したりすることだと思わない批判者がいるだろうか。多くの人々が指摘したように、ターリバーンの破壊行為に憤激した人々の極めて大多数は、他の人々が大切にしていた聖像を自ら破壊したり、あるいは実際に自ら何らかの脱構築的な行為に参加したりした人々の、子孫なのだった。

何が最も暴力的だったのだろうか。人類を真の神の真の崇拝へ導くために偶像を破壊するという、宗教的な熱望だろうか。それとも、人類を良識へ導くために神聖な聖像を破壊するという、反宗教的な熱望だろうか。これは間違いなく一つの聖像危機である。なぜなら、もし聖像が取るに足りないものであるなら、それは何の影響もなく破壊されうるのか。（ビザンティン帝国の聖像破壊者や、後のルター派の聖像破壊者と同じ仕方で、〔ターリバーンの創設者〕オマル師は、「それはただの石だ」と言った。[14]）それともそれは、あまりにも強力であまりにも脅威を与えるので破壊されなければならないのか。――誰にも分からないのだ。（「もし偶像がそれほど無意味なら、なぜあなたたちはそれを攻撃するのか。」／「あなたの偶像は私の聖像である。」）

科学的記載物

ではなぜ、科学的な像なのだろうか。議論の余地なく、それらの像は冷徹で客観的で媒介のない表象の世界を提供するのであり、したがって宗教的な像と同じ情熱も同じ熱狂も引き起こさないはずである。宗教的な像とは逆に、科学的な像は、正しいか間違っているかの判断が可能な仕方で世界を描写するに留まる。まさにそれらが冷徹であり冷静にさせるものであるから、それらの再現や

（13）Pierre CENTLIVRES, *Les Bouddhas d'Afghanistan*, Lausanne : Éditions Favre, 2001.〔一九九八年にターリバーンがバーミヤーン遺跡の二体の大仏を爆破して国際的な非難を浴びた。〕

（14）「それらの彫像は偶像崇拝的な信仰と結び付いているか、あるいは単なる石ころでしかない。前者の場合は、イスラム教はそれらを破壊することを命じる。後者の場合は、それらを破砕したって構うものか！――このように師は解説した。」Pierre CENTLIVRES, *op. cit.*, p.141.

＊ 古代エジプト第十八王朝の王の一人であるアメンホテプ四世（在位は紀元前一八五三年頃～一八三六年頃）は、従来のエジプトの多神教を廃止して神々の像を破壊させ、唯一神アテンのみを祭る世界最初の一神教を創設し、自らを「アテンに愛される者」を意味するアクエンアテンと改名したとされる。

確証が可能であるから、それらが広く異論のないものであり、特別でほとんど普遍的な同意の対象であるから、だからこそ、それらの信頼、確信、拒絶、遺恨の様式が、偶像／聖像によって生み出される様式とは完全に異なるのである。以上の理由から、このカタログでは科学的な像に多くの場が与えられたのであり、後ほど見るように、それらは聖像衝突の多様な形式を提示するのである。

まず、大部分の人々にとっては、それらは像ですらなく、世界そのものである。それらについては何も言うべきことはなく、ただそのメッセージを聞くだけで良い。それらを像、記載物、表象などと呼び、展覧会で宗教的な聖像の近くに展示することは、既に聖像破壊的な行為である。「もしそこにあるのが銀河や原子や光や遺伝子の単なる表象であるなら、その場合は憤慨した様子で、それらは実在するものではない、それらは製作されたのだと、言うことができるだろう。」しかしながら、巨大で高価な器具がなければ、多くの科学者集団が関与しなければ、巨額の資金がなければ、そして長期にわたる訓練がなければ、それらの像の中には何も見えないということが、やがて明白になる。それらの像がこれほどまで客観的に正しいものであることができるのは、以上の多種多様な媒介のおかげなのである。

したがってここには、宗教的な像の破壊への崇拝によって引き起こされたものとは全く逆の、別の聖像衝突がある。つまり、器具の数が多ければ多いほど、媒介の数が多ければ多いほど、実在の把握がより良いものになる。第二戒律が適用できない分野が確かにあるとすれば、それは、「上は天にあり、下は地にあり、また地の下の水の中にあるもの」の像として、対象や地図や図表を作る人々によって支配された分野である。したがって、この干渉の様式は、像製作についての我々の理解の刷新を可能にするかもしれない。つまり、像を人の手で作れば作るほど、より多くの客観性が手に入るのである。科学においては「単なる表象」は存在しない。

現代芸術

それでは、なぜ宗教的媒体と科学的媒体を現代芸術に混ぜるのだろうか。なぜなら、少なくともそこでは、絵画、インスタレーション、ハプニング、出来事、そして美術館が、人間的製作によるものであることを疑うことが不可能だからである。仕事をする手が、至る所で目に見える。諸々の運動、芸術家、主催者、購入者、販売者、批評家、離反者などの大渦巻から、アケイロポイエートスな聖像が現れて来るとは全く思われていない。逆に、最も極端な要求は、人間というものを根拠とする個人の創造性の名において為されてきた。真実や神々への通路はない。超越性を打倒せよ！

像や絵画や美や媒体や才能に対する崇拝を構成している各々の要素の抵抗を試験し分析するのに、現代芸術以上の実験室はどこにも見つからない。像に対する公衆の反応を複雑化させるために、公衆に対してこれほど多くの逆説的な努力が為された場所は他にはない。芸術愛好家の素朴な視線と「観察的体制」を抑制し、変更させ、混乱させ、失わせるために、これほど多くの手順が考案された場所は他にはない。模倣的な表象から像製作の現場まで、画布から色彩まで、芸術作品から芸術家自身とその署名まで、そして美術館、芸術家の庇護者、批評家——そして忘れてはならないのは徹底的に笑い者にされた「俗物」――それらの役割に至るまで、全てが少しずつ反証的に実験され、粉砕されたのである。

芸術というもの、そして聖像、偶像、視覚、視線というもの、その各々と各々の細部とが鍋に注ぎ込まれ、そこで沸騰して、前世紀に近代芸術と呼ばれたものとなって蒸発した[15]。そして最後の審判が言い渡された。我々の表象産出の仕方は、それがどのようなものであれ、全て欠陥があると判断されたのだ。何世代もの聖像破壊者たちが具象芸術を壊し、作品を壊してきた。大規模で途方もない虚無主義的な実験。自己破壊のヒステリックな快楽。滑稽極まりない涜聖。ある種の有害で非聖像的な地獄。

そして、予想することができたように、ここにはまた別の聖像衝突がある。つまり、多くの地位剥奪と多くの「復位」がある。伝統的な像製作の権威を逃れるためのこの強迫的な実験から、新たな像、新たな媒体、新たな芸術作品、新たな仕組みのための、ある途方もない源泉が出現し、視覚の可能性を広げた。芸術が芸術破壊の同義語となればなるほど、芸術は生産され、鑑定され、議論され、購入され、販売され、そしてそう、崇敬された。諸々の新たな像が生産されたが、それらは極めて強力なので、それらを買ったり、触れたり、燃やしたり、修復したりすることが、そして運搬したり保証したりすることさえも、不可能になった。このようにして、ますます多くの聖像衝突が――シュンペーターが予想しなかったある種の「創造的破壊」が――引き起こされた。

像に対する信頼と不信の再配置

したがって我々は、像の拒絶と像の構築、像への信頼と像に対する不信の、三つの異なる様式を取りまとめた。そしてこの三者の干渉が像論争の彼方へ、聖像破壊（ビルダーシュトゥルム）の彼方へ赴くことを可能にするかどうかが、賭けられている。

我々は、宗教的な像を再び皮肉や破壊に委ねたり、再び崇敬の対象として提案したりするために、それらを前衛的な現代芸術の制度の中に持ち込んだのではない。我々がそれらをここに持ち込んだのは、科学的な像への反響としてであり、それらが強力であることの理由を示すためであり、それら二類型の像が産出に成功した不可視性の形式を示すためである。

科学的な像がここに持ち込まれたのは、どのような教育的な仕方によってであれ、公衆を教育したり啓蒙したりするためではなく、それらがどのようにして生産され、どのようにして相互に結び付けられているのか、どのような種類の聖像破壊に委ねられたのか、そしてどのような特異な類型の不可視的な世界を生成するのかを、示すためである。

現代芸術の諸作品に関しては、それらがここに展示されているのは、芸術的な展覧会を行うためではなく、多くの媒体と大胆な創造的発意を通じて進められた、表象の限界と効力についてのこの大々的な実験室的実験の、結論を引き出すことを可能にするためである。

（15） 例えばティム・J・クラークの素晴らしい著作を参照せよ。Timothy J. CLARK, *Farewell to an Idea: Episodes from a History of Modernism*, New Haven : Yale University Press, 1999.

と言うのも我々は、最近の聖像破壊的な芸術のための、ある種の偶像の部屋を構築しようとしているのである。それは、プロテスタントの涜神者たちが像を嫌悪と嘲弄の対象に変えて礼拝から遠ざけたときに作られた部屋に似ており、ただしそれらの部屋が美術館や美的評価の中核部になる以前の状態に似ている[16]。これは確かに奇妙な反転であり、そこに皮肉がない訳ではないが、しかしこの反転は非常によく資料によって裏付けられている。

宗教的、科学的、芸術的な諸媒介を伝統的に特徴付ける尊重、驚き、不信、崇敬、信頼の通常の形式は、この展覧会の全体を通じて充分に評価し直されなければならないだろう。

どの対象を選択すべきか

今や明らかであるように、『聖像衝突』は、芸術的な展覧会でも哲学的な討論会でもなく、西洋の伝統の中で像についての問いによって引き起こされた狂信、憎悪、批判、虚無主義の起源を理解するために、「解釈可能な諸対象の友」によって練り上げられた、骨董品陳列室なのである。この上なく控え目な企図ではないだろうか！　しかしこの展覧会の運営委員たちは完全に気が狂れてはいなかったので、我々は、アクエンアテンから二〇〇一年九月十一日の事件[17]までの、像の崇拝と破壊についての全ての問いを扱おうとはしなかった。我々の企図は百科事典的なものではない。逆に我々は、像製作と像破壊の解釈の仕方に関して、ある曖昧さ、ある不確かさ、ある聖像衝突を露呈させるような、場所、対象、状況を非常に厳密に選択した(18)。

不可能な二者択一

私が「物神事実」と呼ぶものを、なぜ破壊するのか。聖像破壊者たちは、彼らの到来以前は神々を生じさせ、集め、迎え入れる唯一の手段であったものの残骸と共に生きることに、いかにして耐えられるのか。遥か大昔から遂行されてきた任務、つまり作業に専念しながらも自らの製作物ではない対象を作り出すという任務を、今や自分たちの手が遂行できないのを見て、彼らはどのように驚くものなのか。今後は、矛盾する二つの要求の間で選ばなければならない。これはあなた自身の手で作られたのですか。もしそうなら、これは無価値です。それともこれは客観的で真実で超越的なのですか。もしそうなら、あなたがこれを製作したということは、いかなる仕方でもありえません。神が全てを作り、人間は何も作らないのか、それとも人間が全ての作業を行い、神は何もしないのか。一旦物神事実がなくなってしまうと、過剰であるか、過剰に少ないか、そのどちらかである。

(16) Joseph Leo KOERNER, *The Reformation of the Image*, London : Reaktion Books, 2004.
(17) この出来事〔アメリカ同時多発テロ事件〕は二〇〇一年三月開催のこの展覧会の準備の最中に突発した。
(18) 展覧会のための膨大な材料は、複数の委員たち――ピーター・ガリソン、ダリオ・ガンボーニ、ジョゼフ・ケルナー、アダム・ロウ、ハンス゠ウルリッヒ・オブリスト、そして無論ペーター・ヴァイベル（Peter Galison, Dario Gamboni, Joseph Koerner, Adam Lowe, Hans-Ulrich Obrist, Peter Weibel）――の間で分配され、その委員たちは選定内容を共有するために、一九九九年から二〇〇二年の間、定期的に集まった。

そう、確かに物神事実は製作されなければならない。人間の手は、どうしても、あらゆる種類の像、絵画、記載物を産出し、客観性や美や神々をなおも作り出し、迎え入れ、集めようと努めるのだ。それは古代においても全く同じだったが、今やそのような時代は禁じられ、抑圧され、消し去られている。神々や真実や聖性が製作されなければならず、しかし、もはやそれらを製作するいかなる正当な手段も存在しないとき、狂信的にならないためにはどうすれば良いのか。この展覧会を通じて私が提起するのは次の問いである。いかにして気が狂れることなくこの二重拘束と共に生きるのか。我々は気が狂れているのか。この狂気への治療薬は存在するのか。

　この二重拘束によって引き起こされた緊張関係について、少しの間検討しよう。この緊張関係が、狂信についての考古学の重要な一面を丸ごと説明できるかもしれないのだ。偶像の破砕者、媒介物の破壊者には、正反対の二つの解決案しか残っていない。第一の解決案によれば、彼（ここでは男性形を選ぶのが誠実だと思われる）は、自らの手を完全に制御しているが、その場合彼が産出するのは、材料の中へ投影された彼自身の力と彼自身の弱さの「単なる」結果で「しか」ない。なぜなら彼は、自分がそこに投入した以上のものを出力することができないのだ。――この場合彼には、自らの無限の創造力か、それとも自らの力の不条理なまでに制限された性質か、そのどちらを考慮に入れることを選ぶかによって、傲慢と絶望の間を揺れ動くことしか残されていない。第二の解決案によれば、彼は超越的で製作されたのではないある神の手に委ねられており、その神が彼を無から引き出したのであり、その神がアケイロポイエートスな仕方で真実と聖性を産出する。そして、人間的な製作者である彼が傲慢と絶望の間で揺れ動くのと同様に、創造主である〈彼〉もまた、自らの現前が出現できるかどうか、自らの効力が立証できるかどうかによって、全能と非存在の間で熱狂的に揺れ動くことになる。「私は製作する」と「私は自分が製作するものを制御していない」という、以前は同義的であったものが、完全な矛盾になった。「あなたは製作しているか、さらなければ製作されている」(19)。

強力な（無力な）人間という創造者が制御するということと、全能な（無力な）創造主の手に身を委ねるということの間の、この不可能な二者択一は、それ自体において問題のあるものである。しかし、拘束を更に大きくし、拘束衣を着せられた人間を完全な錯乱へ押しやるのは、それが禁じられているのにも拘らず、媒介物、記載物、対象、聖像、偶像、像、記号の、氾濫を止める手段がないということである。物神の破壊について、そして像の崇敬に対して自らに課す禁止について、どれほど譲歩しない態度を採ろうとも、聖堂は建てられ、供犠は遂行され、器具は利用され、宗教的な教義は整然と紙に書き留められ、写本は書き写され、香は焚かれるだろうし、真実や客観性や聖性を収集するために、数多くの所作が考案されるはずである。

第二戒律は、従うことが不可能であるだけに一層恐ろしい。それを順守していると言い張るための唯一の方法は、自分の手の作業を否認し、像の練り上げ、製作、構築、産出の中に常に置かれて

(19) 前書きに示したラ・フォンテーヌの寓話の例を参照せよ。

いる行為を抑圧し、書くと同時に筆跡を消去し、自らの手が加工作業をしているのにも拘らずその手を処罰することである。しかし、手がなくて何ができるのだろうか。像がなくてどのような真実に到達するのだろうか。器具がなくてどのような科学に教育されるのだろうか。

自分たちが像を作らなければならないのに像を作ったことを告白できない人々、その彼らが耐え忍んでいる惨めさを推し量ることができるだろうか。更に悪いことに、彼らは、デミウルゴス〔製作者としての神〕が全ての作業を行う、つまり直接的に神聖な文書を書き、儀礼を作り上げ、律法を定め、群集を結集させる、と言わなければならないか、あるいは、もし信者の作業が暴かれたのであれば、それらの文書が「単なる」製作物であり、それらの儀礼が見せかけのものであり、自分たちの製作が純然たる作り事であり、自分たちの構築が欺瞞であり、自分たちの客観性が社会的に構成されたのであり、自分たちの規範が人間的、あまりにも人間的であるとして、それらを告発することを強いられるだろう[20]。

それゆえ、偶像破壊者は二重に気が狂れている。つまり彼は、超越的な諸対象の産出のための秘密を自ら喪失しただけでなく、今やその産出が完全に禁じられ、それがもはやいかなる仕方でも公開されえないのにも拘らず、それらの対象を産出し続けるのである。自らの創造主の手に委ねられ、彼は、無限の力と無限の弱さ、無限の創造的自由と無限の隷属の間で躊躇し、媒介物の拒否とその介入の必要性の間で絶えず動揺する。これが、それが誰であれ気を狂れさせる理由である。少なくとも、複数の聖像衝突を生み出す理由である。

フロイトは、モーセについての奇妙な悪夢の中で、それと類似した狂気を、アスマンの言うところの「対抗宗教」の発明を、つまり全く風変わりな伝説を、分析することを提案する。嫉妬深い息子たちの原始的集団による、利己的で高圧的な父〔モーセ〕の殺害という伝説である。[21] しかし伝統に、もう一つ別のより示唆的な伝説を隠し持っている。それによれば、父は殺害されたのではなく、あまりにも活動的な息子によって、父の生存手段が無に帰されたのである。[22]

アブラハムは六歳の時に彼の父であるテラに一時的に任された偶像の店を破壊したと伝えられて

（20） 以下を参照せよ。Jean-François CLÉMENT, « L'image dans le monde arabe : interdits et possibilités », *in* Gilbert BEAUGÉ, Jean-François CLÉMENT (sous la direction), *L'Image dans le monde arabe*, Paris : Éditions du CNRS, 1995, pp. 11-42. 芸術家に対する創造主としての神の「嫉妬」と、偶像に対するヒステリックな拒絶における一定の無神論的な傾向については、本カタログ所収のクレマンの論文に子細な分析がある。〔Jean-François CLÉMENT, « The Empty Niche of the Bāmiyān Buddha », in *Iconoclash, op. cit.*, pp. 218-220.〕

（21） Sigmund FREUD, *L'Homme Moïse et la religion monothéiste, Trois essais*, Gallimard, Paris, 1996.〔原著は *Der Mann Moses und die monotheistische Religion*, *in* Sigmund FREUD, Gesammelte Werke, XVI, Frankfurt am Main : S. Fischer, 1993. 邦訳は『フロイト全集22』（岩波書店、二〇〇七年）所収、渡辺哲夫訳「モーセという男と一神教」。〕

（22） この二類型の殺害の間の差異は、フロイトの診察室の特異な視覚的特徴の幾つかを説明できるかもしれない。本カタログにおけるマリネッリの論文（Lydia MARINELLI, « Freud's Fading Gods », in *Iconoclash, op. cit.*, pp. 468-469）と、より広くはアンドレアス・マイヤーが「心的対象」と呼ぶものを参照せよ（Andreas MAYER, "The Fetish-Scientist, or Why Would Anyone Force Someone to Kiss the Bust of Franz Josef Gall?", in *Iconoclash, op. cit.*, pp. 465-467）。

いる。

ヤッフォのラビ・アッダの孫であるラビ・ヒッヤが言うところによれば、テラは偶像崇拝者であった。ある日彼は、アブラハムに偶像の販売を任せて外出した。誰かが偶像を買いに来たとき、アブラハムはその人に、「あなたは何歳ですか」と尋ねた。客は「五十歳」あるいは「六十歳」と答えた。するとアブラハムは、「あなたは六十歳なのに昨日作られた彫像を崇めるのですか！」と言った。客は恥じて立ち去るのだった。また、ある女性が皿一杯の粉を持って現れ、「あなたの神々にこれをどうぞ」と言った。アブラハムは一本の棒を手に取り、一番大きな偶像を除く全ての偶像を打ち壊し、その一番大きな偶像の手にその棒を持たせた。アブラハムの父が帰って来て、何が起こったのか尋ねた。「父上には何も隠すことはできません。女の人が皿一杯の粉を持って来て、それをこれらの神々に与えるように私に言ったのです。私がそれを捧げたとき、ある神が「まずは私だ」と言い、別の神が「いいえ、私だ」と言いました。そして一番大きいのが立ち上がり、他の全てを破壊したのです。」とアブラハムは答えた。「お前は私を馬鹿にしているのか。どうやってそれらが何かをすることができるのか。」とテラは言った。するとアブラハムは答えた。「あなたの耳は自分の口が言ったことが聞こえないのでしょうか。」

——『創世記ラッバ』38.16（創世記11.30の注釈、「そしてハランは父［テラ］の前で死んだ」）

何と見事な聖像衝突だろうか。父の問いへの息子の曖昧な返答を誰も理解していないようだ。「あなたの耳は自分の口が言ったことが聞こえないのでしょうか。」偶像に対する父の崇敬を理由に、息子が父を愚弄しているのだろうか。それとも逆に、偶像の力に対する息子の無理解を理由に、父の方が息子を叱咤しているのだろうか。「息子よ、お前が偶像を破砕し始めるのだとすれば、お前はどのような媒体を使って神々を迎え入れ、集合させ、取りまとめ、組み合わせるつもりなのか。お前は自分の神の教えを正しく理解していると確信しているのか。お前の父であるこの私が、自分自身の手で製作し、自分自身の窯で焼き、自分自身ののみで彫ったこれらの偶像を、素朴に信じているとお前が信じ始めるのだとすれば、お前はどのような種類の狂気に入り込もうとしているのか。お前は本当に、私がそれらの偶像の起源を知らないと思っているのか。お前は本当に、その卑しい起源が偶像の実在しようとする力を弱めると思っているのか。お前の批判精神は、それほどまでに素朴なのか。」

　生産的な媒介が壊され、「製作されたのか、実在するのか。選ばなければならない！」という問いに置き換えられるや否や、語り草となったこの口論が、より抽象的な言葉で、至る所で見出される[23]。西洋の伝統において、何が構成主義を不可能にしたのだろうか。この伝統は、ある面では多くを構築し脱構築したのだが、いかにしてそうすることに成功したのかを白状することができない。もし仮に西洋人が構築と実在の間で選ばなければならないと本当に信じたのだとすれば、（つまり、もし仮に彼らが断固として近代的であったのだとすれば、）彼らは決して宗教も芸術も科学も政治も持たなかっただろう。媒介は至る所で必要である。それを禁じるというのは、気が狂れる危険、狂信的になる危険を冒すということである。しかし、彼らの命令に従う手段はないし、製作されたのか実在するのかという二つの背反する極の間で選ぶ手段もない。それは構造的な不可能性、袋小路、二重拘束、錯乱であり、文楽の人形遣いに対して今後は舞台で人形を見せるのか自分自身を見せるのかを選ぶように要求するのと同じくらい、受け入れ難いことである。

批判の費用を高くする

私としては、その袋小路とそれが生み出す幻想とを明らかにする諸対象を選択した。[24] あたかも批判精神が、物神事実の本源的破壊を乗り越えることができずに、人間による構築と真実や客観性への到達との間のこの不可能な選択へと製作者を追い立てることで、どれだけ多くのものを失ったのかを実感しているかのようである。疑惑は我々を愚鈍にした。あたかも批判の槌が批判者の頭に跳ね返り、批判者を打ちのめしたかのようである。

このような理由から、この展覧会はまた、批判精神の再検討であり、批判の休止であり、正体を暴きたいという欲望、他の人々が素朴な信仰を持っているとあまりにも早急に見做したいという欲望についての省察でもある。[25] 信者たちは愚鈍ではない。批判が有用でなくなったということではなく、最近は批判があまりにも安上がりになってしまったということである。

批判的努力の一種の小型化のようなことが起こったのだと、皮肉も込めつつ言うことができるだろう。つまり、過去数世紀においてはマルクスやニーチェやベンヤミンのような人々の相当な努力を要求していたものが、一九五〇年代には幾つものの大きな空間を占拠し、相当な量の電気と熱を消費していたのに、今や爪くらいの大きさで、もはや全く費用の掛からないスーパーコンピュータと同じくらい、手に入り易くなったのである。ボードリアールやブルデュー的な覚醒をただ同然で、デリダ的な脱構築をはした金で手に入れることができる。陰謀論を作るのに費用は全く掛からず、不信は容易であり、脱神話化は学士課程で教えられる。ある最近のハリウッド映画の予告編が宣言していたように、「全ては疑わしい……全ては売りに出されている……そして何も真実ではない!」

我々は(私は)、批判というものに補足的な層を、つまりもう一つの聖像衝突を追加することで、批判をもっと困難なものにして、その費用をもっと高くしたいと思う。つまり、もし批判者が、媒

(23) 私の元々の研究分野である科学論以上にこのことが明白である分野は他にはない。科学論は各々の立場を実在論と構成主義に分類するのである。以下を参照せよ。Ian HACKING, *Entre science et réalité : la construction social de quoi ?*, Paris : Éditions La Découverte, 2001.〔原著は Ian HACKING, *The Social Construction of What?*, Cambridge, Mass. : Harvard University Press, 1999. 邦訳はイアン・ハッキング著、出口康夫・久米暁訳『何が社会的に構成されるのか』岩波書店、二〇〇六年。〕

(24) 「〔近代の〕〈物神事実〉崇拝について」、本書六四頁からのジャガンナートの事例を参照せよ。

(25) Peter SLOTERDIJK, *Critique de la raison cynique*, Paris : Christian Bourgeois, 2000.〔原著は Peter SLOTERDIJK, *Kritik der zynischen Vernunft*, Frankfurt am Main : Suhrkamp, 1983. 邦訳はペーター・スローターダイク著、高田珠樹訳『シニカル理性批判』ミネルヴァ書房、一九九六年。〕

介の必要性を不可視化するほどまでに非批判的だったとすれば、どうだろうか。西洋の弱点は何だろうか。近代主義の機械仕掛けをチクタクと動かしている秘密のばねは何だろうか。そしてもし、もう一度言うが、我々が第二戒律を間違って理解していたとすればどうだろうか。もしモーセが、彼の「頑迷な」民との通信手段の周波数帯の狭さゆえに、第二戒律を変更し抑制することを強いられていたとすれば、どうだろうか。

聖像破壊的な所作の分類

我々は展覧会とカタログのための資料がどのようにして選択されたのかということについて幾分か理解したので、今度は、ここで提示されている諸々の聖像衝突について何らかの分類法を利用することができれば、それは読者と訪問者にとって有益なのかもしれない。無論、これほど複雑で捉え難い現象に対して、規格化され受容された一つの類型論を提案することは不可能である。

しかもそれは、恐らくこの展覧会の精神に反することでさえあるだろう。私が若干軽率に主張したように、我々が聖像愛好と聖像破壊を再描写しようとするのは、我々が直面している像崇拝／像破壊の類型に関してより大きな不確かさを生み出すためではないのか。いかにして像崇拝と像破壊を厳密に区別することができると言うのか。しかしながら、我々が探究している視覚的な難問によって生み出された曖昧さの射程を評価するためには、展覧会の中で検討された聖像破壊的な所作の五類型を手短に示しておくことは有益なのかもしれない。この分類は確かに大雑把なものではあるが、それを司る原理は、各々の聖像危機的状況に対して以下の点を観察することに存する。

- 聖像破壊者たちの深層的な動機。
- 破壊された像に彼らが付与する役割。
- それらの像を大切にしていた人々へのその破壊の影響。
- その反応に対する聖像破壊者たちの解釈の仕方。
- そして最後に、破壊者自身の感情へのその破壊の影響。

以下の一覧は確かに不完全なものではあるが、収集された大量の事例を通じて我々を導くのに充分なだけ強固であると思う。

「A型」の人々は全ての像に反対する

凝り過ぎた用語を避けるために私はそれらの人々をアルファベット文字で示すが、最初の類型には、信者を——信者だと見做されていない人々を——あらゆる種類、あらゆる形式の偶像に対するまがい物の愛着から、解放したいと思う人々が集められる。偶像は、今やその破片が地面に散乱しているのだが、最も高貴な美徳へ向かう道の上の障害物でしかなかった。それらは破壊されなければならなかった。それらは勇敢な像破壊者たちの心にあまりにも大きな憤慨と憎悪を引き起こしていた。それらと共に生きることは、耐えられることではなかった。(26)

A型の人々を他の全ての類型の聖像破壊者たちから区別するのは、真理や客観性や聖性に到達するためには仲介物を完全に駆逐することが、必要であるだけでなく可能でもあると、彼らが信じているということである。それらの障害物がなければ、尊重と崇敬に値する唯一の対象としての真の物に、より直接的に、より素早く、より冷静に、遂に到達できるのだと彼らは思っている。像は原物への手ほどきも、原物についての考察も、現物のごく僅かな部分さえも提供しない。像は原物への一切の到達を禁じるのである。像と象徴の間で、選択をするのか、さもなければ呪われるしかない。したがってA型とは「古典的な」聖像破壊の純粋形式であり、想像や図画や科学的な理論モデルに対する形式主義的な拒絶や、偶像破砕者の革命的、ビザンティン的、ルター派的な多くの運動や、更には文化革命の恐ろしい「過激行為」においても、典型的なものである。純化こそが彼らの目的である。A型の人々にとっては、一切の媒介を駆逐することができさえすれば、そして原物に、理念に、真の神に直接触れることができさえすれば、世界は今よりずっと良く、ずっと清潔で、ずっと賢明な場所になるのだろう。

A型の人々の問題点の一つは、他の人々――自分たちの大切にしている聖像が不敬虔な偶像であると非難された哀れな人々――が、それらの偶像を素朴に信じていると、確信しなければならないということである。この前提条件があるので、強奪や略奪を前にした俗物たちの恐怖に満ちた叫び声は、A型の人々を制止するどころか、逆に、いかに彼らが正しいのかを証明していることになる。偶像崇拝者たちの恐怖感の激しさは、その素朴で哀れな信者たちが本質的に無価値なそれらの石に過剰に情熱を傾けてきたことの、最良の証明なのである。自由の戦士たちは、素朴な信仰という概念を後ろ盾にして、彼らが憤激させる人々のその憤慨を、物への低劣な愛着として絶えず解釈するのであり、それゆえ、それらの物をより一層徹底的に破壊しなければならないのである。

しかし、A型の人々の最大の問題点は、誰も——彼ら自身さえも！——彼らがB型ではないと断言することができないということである……。

「B型」の人々は像に反対するのではなく静止像の注視に反対する

B型の人々も偶像の破壊者である。彼らも同様に、像に対して大きな被害をもたらし、習慣と慣習を破壊し、崇敬者たちを憤激させ、「冒涜者だ！　不信者だ！　涜聖だ！　涜神だ！」という恐ろしい叫び声を引き起こす。しかしA型とB型の大きな違い——この展覧会全体を貫く区別——は、

(26)　サンリーヴルが改めて指摘するように（CENTLIVRES, *Les Bouddha d'Afghanistan, op. cit.*）、オマル師は、大仏をもっと早く破壊することができなかったことへの改悛の印として、百頭の雌牛を生け贄に捧げた。それは、アフガニスタンの規模では非常に高くつく大量屠殺（ヘカトンベ）だった。十一世紀にわたる非破壊というこの恐ろしい罪の赦免を求めるための百頭の雌牛なのだ。

B型の人々は像を本当に駆逐することが可能だとも必要だとも思っていないという点である。彼らの攻撃対象は、静止像の注視（arrêt sur image）であり、すなわち流れの中から一つの像を抜き出し、あたかもその像だけで充分であるかのように、あたかも運動全体が止まったかのように、その像の前で陶酔状態に陥ることである。

　彼らが探し求めているのは、像から解放され、あらゆる障害が純化され、あらゆる媒介物が駆逐された世界ではなく、逆に、能動的な像や運動状態にある媒介物で満たされた世界である。A型の人々が求めていることとは異なり、B型の人々は、像の産出が永遠に停止することを望んでいない。彼らは、それができるだけ早く、できるだけ刷新された仕方で再開することを求めている。

　彼らにとって聖像愛好は、像に対する排他的で強迫的な注意を意味しない。なぜなら彼らは、A型の人々と同じくらい、固定的な像を許容することができないのだ。聖像愛好が意味するのは、一つの像から別の像へ向かうということである。彼らは、「真実は像であるが、真実の像は存在しない」ということを知っている。彼らにとって真実、客観性、聖性に到達する唯一の方法は、不在の原物への直接的な跳躍という不可能な夢に執着することではなく、一つの像から別の像へ可能な限り素早く移行することである。模倣《ミメーシス》的類似の連鎖の場合とは逆に、彼らは複製から原型へ遡行しようとさえしない。彼らは、聖像愛好的な古代ビザンティン帝国の人々が主張していたように、「経済《オイコノミア》的」なのである。この場合この語は、今日のように所有物の世界を意味するのではなく、宗教や政治や芸術における念入りに制御された大量の像の流れを指し示す。

A型の人々は、像を保持する人が聖像愛好者で、像の魅惑を断ち切る勇敢な人が聖像破壊者だと考える。それに対してB型の人々は、一つの像に個別的に執着せずに一つの像から別の像へ移行することのできる人を聖像愛好者と規定する。B型の人々にとっては、全ての像を駆逐することを不条理に求める人も、唯一の固定的な像の凝視に魅惑されたままでいる人も、同様に聖像破壊者である。

B型の象徴的な事例として、神殿から商人たちを追い払うイエス＊、単調な音楽に慣れたライプツィヒの信徒たちの耳を混乱させるバッハ(27)、古典的な具象絵画の中では隠されたままだった宇宙的な力に到達するために黒い正方形を描くマレービッチ(28)、それが錯覚的な性質のものであることを証明するために仏像の頭で煙草の吸殻を揉み消すチベットの賢者(29)などのことが思い浮かぶ。聖像が受けた被害は常に、彼らにとっては、より神聖でより新しくより溌溂とした他の像へ注意を向け直す

(27) Denis LABORDE, « “Vous avez tous entendu son blasphème ! Qu'en pensez-vous ?” Dire la passion selon saint Matthieu, selon Bach », *Ethnologie française*, 22, 1992, pp. 320-333.

(28) Boris GROYS, *Staline, œuvre d'art totale*, Paris : Jacqueline Chambon, 1990.

(29) Heather STODDARD, *Le Mendiant de l'Amdo*, Paris : Société d'ethnographie, 1985.

＊ ヨハネによる福音書 2.13-2.22 を参照せよ。イエスは、エルサレムの神殿で商売をしていた人々をそこから追い出し、「私の父の家を商売の家としてはならない。」と言う。これは、〈神の家としての神殿〉を守るための、〈商売の家としての神殿〉の破壊である。更にイエスは、「この神殿を壊してみよ。三日で立て直してみせる。」と言う。ここでは、神殿がイエス自身の比喩となっており、〈神殿としてのイエス〉の死からの復活が示唆されている。〈商売の家としての神殿〉が破壊され、〈神の家としての神殿〉、更には〈神殿としてのイエス〉へ注意を向け直すことが求められている、と解釈することができる。

ことの寛大な命令となる。像なしで行うことの命令ではない。

　しかし無論、いかなる崇敬者もいつ自分の愛する聖像／偶像が粉砕されることになるのか知ることができず、更にはその破廉恥な行為の犯人がA型なのかB型なのかを知ることもできないという事態の結果として、数多くの聖像衝突が生じる。いかなる媒介もなく神や客観性と直接的な関係を結ぼうとすることが、我々に求められているのだろうか。そう彼らは自問する。我々は、崇拝のためにこれまで我々が用いてきた運搬手段を単に変更するように勧められているのだろうか。我々は、崇敬の感情を刷新するように促され、像の構築という我々の作業を最初からやり直すように求められているのだろうか。シナイ山の麓でモーセの帰りを待つ人々の遅疑逡巡を思い浮かべよ。彼は我々に何をするように求めたのだろうか。あの矛盾する諸命令に関して思い違いをし、命令に忠実であると信じて黄金の子牛像を作り始めてしまうことは、あまりにも容易である。

　A型とB型の人々は、自らの聖像／偶像が燃やされた人々の反応を解釈する仕方に関して、疑念を持っているだろうか。後者の人々は、自分の移行対象を奪われた子供たちのように、大切にしていた偶像が奪われて激怒しているのだろうか。彼らは、存在しない物を素朴に信じていると誤って非難されていることを恥じているのだろうか。もはや彼ら自身も信用しなくなり、単なる慣習となった大切な伝統、その伝統への自分たちの賛同を更新することをこのように暴力的に強制されることに、彼らは嫌悪感を抱いているのだろうか。自分たちの敵の突き刺すような叫び声に直面して、A型の人々もB型の人々も、自分たち自身がどのような種類の預言者であるのか決定することができない。つまり、全ての像を駆逐すると言い張る預言者なのか、それとも「経済的」な仕方で、滝のように継起する像が再び運動し始め、真実や救済の作業を再開するままにさせておくことを求める預言者なのか。

しかし我々は、不確かさや曖昧さや聖像危機に決着を付けてはいない。と言うのも、A型もB型も、結局は変装したC型でしかないのかもしれないのだ。

「C型」の人々は全く像に反対ではないが敵の像には反対である

C型の人々も同様に、脱神話化や脱魔術化や偶像破壊を継続する。彼らもまた、あらゆる種類の略奪、残骸、慄然とした叫び声、恥ずべき行為、嫌悪すべき行為、冒涜、恥辱、涜神を背後に残して行く。しかし、A型やB型の人々とは逆に、彼らは像一般に対しては何も反対しない。彼らは、彼らの敵が極めて強烈に執着している像のみを攻撃するのだ。

これはよく知られた挑発の仕組みであり、それによれば、誰かをできるだけ素早く効果的に破壊するためには、その人が最も大切にしているものを、ある民族の全ての象徴的な財宝の集積所となったものを、攻撃すれば充分である。国旗を燃やす、絵画に切り傷を付ける、人質を取る、などがその典型的な例だ。あなたにとって最も大切なものが何なのか言って下さい。あなたをより素早く殺すために私はそれを破壊するでしょう。――これは、テロリストの威嚇行為に特有のミニマックス戦略であり、つまり最小限の投資で最大限の損失を引き起こそうとする。カッターナイフと航空券でアメリカ合衆国に対抗するのである。

破壊と憎悪を引き寄せるような適切な対象の追跡は相互的である。「あなたが私の旗を攻撃し始めるまでは、その旗が私にとってどれだけ大切なのか私には分からなかった。今は分かっている。」

したがって挑発者と挑発される人々は、前者が最も早く後者の憤慨を引き起こすものを探し求め、後者が前者の最も激しい憤慨を引き起こすものを急いで探すという、イタチごっこをすることになる。[30] この追跡の中で、問題となっている像が単なる口実でしかなく、世間の憤激を引き起こす機会以外の何物でもないということは、各自が認めている。軋轢さえなければ、それが闘争の対象なのではないということ、争点は全く異なる別の何かに関するものでしかないということを、各陣営が喜んで認めることだろう。[31] したがって、C型の人々にとっては、像それ自体はいかなる場合でも問題視されない。彼らは（A型の人々とは逆に）像に反対ではないし、（B型の人々とは逆に）像に賛成でもない。像はただ単に無価値なのである。無価値であるが攻撃され、それゆえに保護され、それゆえに攻撃される……。

偶像破壊者たちにとって最も恐ろしいのは、A型をB型やC型から区別する決定的な手段が一つも存在しないということである。もしかすると彼らは、自分たちの使命を完全に誤解したのかもしれない。もしかすると彼らは、彼らが俗物と呼び、自らの偶像が略奪されるのを目撃する人々の、恐怖に怯えた叫び声を誤解したのかもしれない。彼らは自分たちを預言者のように思っているが、もしかすると彼らは単なる「扇動工作員」でしかないのかもしれない。彼らは、哀れで悲惨な人々を、おぞましい事物による監禁状態から解放するつもりでいる。しかし、もし逆に、彼らは憤激を引き起こす扇動者であり、自分たちの敵にできるだけ効果的に恥をかかせようと努めているだけだとしたら、どうだろうか。

もし今度は私が、批判者たちを批判することで、もう一つの憤激を引き起こそうとしているだけだとしたら、私には何が起こるだろうか。そしてもし『聖像衝突』が、聖像破壊を再描写しようとする試みにおいて、もう一つの聖像破壊的で味気のない所作、もう一つの挑発でしかなく、知識人好みの所作の単なる反復でしかないのだとしたら、どうだろうか。それを知ることは不可能である。

（30）政治的妥当性（ポリティカル・コレクトネス）はこの仕組みに属する。つまり、憤激するのに適した機会を求めて至る所を探し回るのである。

（31）現代芸術において世間の憤激を生み出す仕組みに関しては、本カタログのナタリー・エニックとダリオ・ガンボーニの論文（Nathalie HEINICH, « Baquié at Malpassé: An “Adventure” in Contemporary Iconoclasm? », in *Iconoclash, op. cit.*, pp. 417-420 ; Dario GAMBONI, « Image to Destroy ; Indestructible Image », in *Iconoclash, op. cit.*, pp. 88-135）ならびにガンボーニの以下の著作を参照せよ。Dario GAMBONI, *The Destruction of Art, Iconoclasm and Vandalism since the French Revolution*, London : Reaktion Books, 1997. 社会的・政治的な「訴訟事件」に関しては、リュック・ボルタンスキーの以下の著作を参照せよ。Luc BOLTANSKI, *L'Amour et la Justice comme compétences*, Paris : A.-M. Métailié, 1990. 像を口実と見做すことを可能にする典型的な仕組みは、ルネ・ジラールによって研究された。René GIRARD, *Des choses cachées depuis la fondation du monde*, Paris : Livre de poche, 1983.〔邦訳はルネ・ジラール著、小池健男訳『世の初めから隠されていること』法政大学出版局、一九八四年。〕

ああ、しかしまさにこれこそが、この事柄全体が『聖像衝突』と呼ばれる理由である。

「D型」の人々は意図せずに像を破壊する

この展覧会にはもう一つ別の類型の偶像破壊者が現れる。それは全く狡猾な種類のものであり、「無邪気な破壊者《ヴァンダル》」と呼ぶことができるだろう。周知のように、ヴァンダリズム〔文化・芸術に対する破壊行為〕というのは軽蔑的な用語であり、像に対する憎悪からと言うよりも、無知、利益の誘惑、純然たる情熱、あるいは狂気ゆえに破壊する人々を描写するために作られた用語である(32)。

無論、A型やB型やC型の人々の行為を描写するのにこの用語を用いることも可能である。彼らが、素朴さを非難されて激怒した無邪気な信者なのか、何らかの預言的な呼び掛けによって教条主義的な眠りから覚めた俗物なのか、あるいは批判の対象となることで自らの憤慨の力とそのパリサイ派的な形式主義を明示することができて喜んでいる、憤激を引き起こす扇動者なのか、それが分からない人々から見れば、彼らのうちの誰もがヴァンダリズムであると非難されうる。

しかし、無邪気な破壊者《ヴァンダル》は、「悪い」ヴァンダル、つまり古典的なヴァンダルとは異なる。と言うのも彼らには、それが何であれ何かを破壊しているという自覚が全くないのだ。それどころか、彼らは像を大切にし、像を破壊から保護し、そうしながらも像を冒涜して破壊したと非難される(33)。ある意味で、彼らは後から見ると聖像破壊者なのである。典型的なのは、「愛情ゆえに殺してしまう」として非難される、フレスコ画や記念建造物や街区や風景の修復者たちの例である。中でも特に建築の分野は、建設する際には破壊せざるをえず、その建設が後から見るとヴァンダリズムでしかないとして非難される、「無邪気な人々」で溢れている。彼らの心は像への愛情で満ち溢れており、その点で彼らは他の類型の人々とは異なるのだが、しかし彼らは、他の人々と全く同じように、「涜神」、「涜聖」、「冒涜」という抗議を引き起こす。

人生はとても複雑である。芸術作品を修復し、街を美化し、遺跡を復元することによって、彼らがそれらの物を破壊したのだと彼らの敵対者たちは強く主張し、その結果、彼らは最悪の聖像破壊者として、あるいは少なくとも最も逆効果を招いた聖像破壊者として現れる。しかし、もっと別の事例もある。例えば、博物館の学芸員たちはニューギニアのマラガン〔儀式で用いられる木製の彫刻〕を保存しているが、しかしそれらのマラガンは、製作の三日後には破壊されなければならないので、創作者たちから見れば完全に価値を失っている。あるいは、あるアフリカの作品は、地面の上で腐

（32） Louis REAU, *Histoire du vandalisme, Les monuments détruits de l'art français*〔1959〕, Édition augmentée par Michel Fleury et Gyu-Michel Leproux, Paris : Robert Laffont, « Bouquins », 1994 ; André CHASTEL, *Le Sac de Rome — 1527*, Paris : Gallimard, 1984.

（33） 検閲はD型の一側面なのかもしれない。つまり、他の像を保護するためにある像を破壊ないし隠蔽し、標的を間違えるのである。映画製作者たちは観客に不快感を与えないようにするために自分たちの映画からワールドトレードセンターの映像を消去しようと躍起になり（『インターナショナル・ヘラルド・トリビューン』二〇〇一年十月二十五日）、二十世紀の写真修正屋は煙草中毒に対処する法律に遡及的に適合するために有名人の肖像写真から煙草を抹消する……。

敗するように注意深く考案されているのに、美術商によって注意深く保管されてしまい、それゆえ創作者たちから見れば完全に力が失われている。[34] 魔法使いの見習い〔自らの手に負えない事態を招く人〕は、本当に意地悪な魔法使いではないが、しかし自らの無邪気さ、無知、無頓着によって、意地悪になる魔法使いである。

そしてここでもまた、A型の人々は、B型やC型の人々も全く同様であるが、D型であるとして、すなわち間違った標的に照準を定め、自らの破壊行為の二次効果や深い影響を考慮に入れ忘れているとして、非難されうる。「あなたは人々を偶像崇拝から解放するつもりでいたが、単に彼らから崇拝の道具を取り上げたに過ぎない。」「あなたは像への崇拝を新たな像によって刷新する預言者になったつもりでいたが、世間の憤激を引き起こす血に飢えた扇動者に過ぎない。」このような批判は、革命家たちの集まりの中では頻繁に発せられるものであるが、他者が絶えず間違った側にいると言って非難し、あるいは、こう語るだけでも戦慄を覚えるが、「反動的」であると言って非難する。しかし、もし我々が誤認して人を殺し、誤認して偶像を破壊したのだとすれば、どうだろうか。そして更に悪いことに、もし我々が、より一層大きく一層残酷で一層おぞましい邪神に対する崇拝ゆえに偶像を犠牲にしたのだとすれば、どうだろうか。

「E型」の人々は普通の人であり、聖像破壊も聖像愛好も気にしない

網羅的であるために、偶像破壊者も聖像崇敬者も同様に信用しないE型の人々に言及しよう。彼

らは両極端の間のあらゆる明確な区別を警戒する。彼らは全ての媒介物に対してそれらを荒廃させるような皮肉を行使するが、それは彼らが媒介物の駆逐を求めているからではなく、媒介物の脆さを深く意識しているからである。彼らは不敬と無礼を誇示することを好み、揶揄や嘲弄のために行動し、情け容赦のないラブレー風の〔陽気で大胆な〕仕方で冒涜への絶対的な権利を主張する。彼らは横柄な言動の必要性を体現しており、市民的な自由についての健全な理解にとって決定的である、ローマ人が「パスクイナータ（風刺文）」と呼んでいたものの重要性を体現している。それは、ペーター・スローターダイクが——典型的に聖像破壊的であるシニシズム（冷笑的態度／Zynismus）との対比で——キニシズム（キュニコス派的態度／Kynismus）と呼ぶものをある程度含むことが不可欠であることの体現である。

信じない権利というものがある。そしてより一層重要な、それが何であれ何かを素朴に信じているとして非難されない権利というものがある。信仰の存在を信じ、そして全く奇妙なことに自分だけは非信者であると信じている聖像破壊者を除いて、本当に信者であるような信者など存在しないのかも

（34）その他の「後から見た」破壊の事例を科学技術の中に見出すことができる。石綿は「奇跡の製品」と見做されていたが、後に実業家たちは、それを全ての建物にまき散らすことで大勢の人々を殺したとして非難された。DDT（有機塩素系殺虫剤）は魔法の殺虫剤と見做されていたが、後に同じ犯罪を理由に非難された。このような回顧的な非難と「二次効果」の分析に関しては、以下の著作を参照せよ。Ulrich BECK, *Ecological Politics in an Age of Risk*, Cambridge : Polity Press, 1995.

しれない。このような、健全で多様で通俗的で破壊することのできない不可知論*は、大きな混乱の源泉なのかもしれない。なぜなら、ここでもまた、それが引き起こす反応は、A型、B型、C型、D型の人々の破壊的・再生的な行為によってもたらされる反応から区別できないのだ。衝撃を受けることは極めて容易である。各自がある与えられた量の「衝撃受容性」を有しているのであり、それは確かに多様な原因に適用されうる。しかしそれは、決して尽きることも、減ることさえもありえないのだ。

隕石に打たれて地面に倒れている教皇ヨハネ・パウロ二世の有名な聖像の例を挙げよう（マウリツィオ・カテラン作『ラ・ノナ・オラ』**を参照[35]）。それは、権威に対する健全な不敬の表明なのだろうか。それとも、教皇の像のような退屈な像など破壊されても全く構わないと思いながらも展覧会を見るからには少しばかりの衝撃を受けることを予想している無感動なロンドン市民に対する、安易な挑発の典型的な事例なのだろうか。それとも逆に、この作品がワルシャワで展示される際には、博物館を訪れるポーランド人たちの信心を打ち砕こうとする破廉恥な企てなのだろうか。あるいはそれは、クリスティアン・ボルタンスキーが主張するように、カトリック教においては教皇がキリスト自身と同じ破砕、同じ最終的破壊を被ることが求められるということを示す、深く敬意を表する像なのだろうか[36]。これらの幅広い諸解釈を、どのように解釈すべきだろうか[37]。それは本当の不協和音になるだろう……。

歓迎される不協和音

この展覧会は、その音響空間によって、絶望と恐怖と憤慨と驚愕の叫び声が同時に聞こえるようにしようとしている。過度に早急に選ぶ必要もなく、自分のいつもの陣営に合流する必要もなく、脱構築の行為を遂行するために槌を振りかざす必要もないように、それらの叫び声を全て一度に聞

---

(35) カトリーヌ・グルニエの論評を参照せよ。Catherine GRENIER, *L'Art contemporain est-il chrétien ?*, Nîmes : Jacqueline Chambon, 2003.

(36) クリスティアン・ボルタンスキー（Christian BOLTANSKI）の個人的な連絡による。

(37) 私はカテランに一つの実験を提案した。つまり、もしかするとポーランド人たちは例外かもしれないが、全ての人々が地面に崩れ落ちるのを見ることを予想している教皇を、知識人たちの憤慨を引き起こすような別の人に置き換えるという実験である。例えば、サルマン・ラシュディがイスラム教原理主義者に射殺された姿を展示するのだ。それはあまりにも恐ろしく、あまりにも破廉恥だと、私に言う人もいる（オブリスト Hans-Ulrich OBRIST の個人的な連絡による）。ああ、そうなのか！ つまり教皇に触れることはできても、批判精神を持つ人々から見て本当に尊敬に値する人には触れることができないのだ！ 安売りの涜聖ではなくむしろ本当の涜聖を明らかに提案する私の目的は何だったのだろうか。忠実な教皇支持者ではなくむしろ忠実な批判者たちに向けられた新たな挑発だろうか。誰がそれを判断することができるのか。私自身、私の提案を前にして恐れを為して後ずさりした人々の反応も、私自身の反応も、理解している確信はない……。

* ラトゥールは「不可知論」（agnosticisme）という言葉で、信仰の存在を単純には信じない立場、我々は「知っている」が他者は「信じている」という近代に特有の二元論を批判的に見る立場を表している。本書第一論文を参照せよ。

** Maurizio Cattelan, *La Nona Ora*. 題名の『ラ・ノナ・オラ』は「九番目の時刻」を意味し、イエスが「わが神、わが神、なぜわたくしをお見捨てになったのですか」（マタイによる福音書 27.46／マルコによる福音書 15.34）と言って息を引き取った時刻（午後三時頃）を指している。

かせようとしている。その結果、聖像衝突の等価物である不協和音が、この展覧会の多くの空間を占めている。

我々はこの曖昧さという概念を音によっても像によっても同様に表現したい。誰が、なぜ、破壊に対して抗議の声を上げるのだろうか。それは、日常の惰性に満足する自分たちの小さな集団から脱出しなければならないことに衝撃を受けた、永遠の俗物たちの嘆き声なのだろうか。聞け、聞くのだ。崇敬者たちの美徳と愛着の唯一の源泉である神聖な聖遺物、貴重な物神、脆弱な物神事実、彼らを生きさせていたそれらの物、盲目で傲慢な改革者によって今や破砕され散乱しているそれらの物を奪われた、その卑しい崇敬者たちのうめき声なのだろうか。聞け、預言的なB型の人々の甘い暴力の水準には決して到達しないだろうと理解し、自分たちは世界を空っぽにしてより一層恐ろしいものにしただけだと理解した、A型の人々の泣き声を聞くのだ。もっと聞け、嘆き声の不協和音の背後に、とても健全で、若者特有の大騒ぎを爆発させることにとても満足している、冒涜的なE型の人々の嘲笑的な笑い声を聞くのだ。そして、それら全ての背後で、この別の物音は何だろうか。聞け、像の美、像の真実、像の聖性という概念を復活させようとする我々の致命的な熱意から我々を目覚めさせる、預言的なトランペットを聞くのだ。しかし誰がこの恐ろしい喧騒を作り出しているのだろうか。聞け、聞くのだ。新しい獲物を探し求める挑発者たちのこの甲高い物音、何という大騒ぎだろうか。

そう、我々の日常的な世界、つまり聖像危機の世界は、まさしく混沌なのである。

像論争の彼方へ――像の継起

我々の展覧会が新たな聖像破壊的な展覧会ではないということを、いかにして確信するのか。我々が訪問者や読者に、脱神話化と批判から成る地獄のような螺旋を、もう一回転降りるように頼んでいるのではないということ。我々が不信に不信を積み重ねて、更なる脱魔術化を以て脱魔術化の作業を継続し、皮肉の層を更に追加しているのではないということ。このことを、いかにして確信するのか。運営委員たちの間では同意見の者は誰もいない。しかし意見の一致が我々の目的ではない。我々は聖像衝突を追求しているのであり、確信を追求しているのではないのだ。しかしながら、我々の展覧会は像論争の彼方へ赴くことができると主張している。この彼方へ（au-delà）という小さな前置詞は、非常に傲慢な要求である。いかにしてそれに忠実であることができるのか。

諸々の像、対象、彫像、記号、文書を、それらが他の像、対象、彫像、記号、文書との間に保っている関係を強調するような仕方で、提示することによってである。換言するならば、我々が言おうとしているのは、A型やC型やD型や更にはE型の人々に対抗して、我々がB型の集団に属しているということである。そう、我々は、自分たちが預言者の系譜に属していると主張するのだ。像は重要である。それは純然たる記号ではないし、遠くにある、より優れた、あるいはより劣った何かの、単なる原型ではない。像が重要なのは、それが、その像と同じくらい弱々しく慎ましい、しかしその像とは異なる、別の像へ我々が視線を導くことを可能にするからである。

したがって、我々がこの展覧会の中で粗描したいと思っている決定的な区別は、像論争の戦士たちが我々に信じさせようとしているような、像の世界と像のない世界を区別するようなものではなく、像の流れの中断と像の継起の間の区別である。訪問者たちの注意をこれらの継起の方へ向けることで、我々は平和を期待しているのではない。そうするには、像の歴史はあまりにも多くのことを背負っている。そうではなく我々は、人々が像の別の諸属性を追求するように——像論争がその絶え間のない火炎と激高の灰塵の下に埋めてしまった諸属性を追求するように——徐々に仕向けるのである。

宗教的な聖像の不透明さ

例えば、フランスのムーラン市にある美術館の、この小さな質素なピエタ〔嘆きの聖母像〕を取り上げてみよう。プロテスタントたちか、後の狂信的な革命家たちが、あるいはもしかするとヴァンダル〔文化・芸術の破壊者〕たちかもしれないが、聖母マリアの頭部を切り取り、死せるキリストの手足を破砕した。——「彼の骨は一つも砕かれることはない」という聖書の言葉にも拘らず。この写真では見えないが、ごく小さな無傷の天使が、深く悲しみながら、救世主の垂れ下がった頭を支えている。しかし、少し待って頂きたい。過度に性急な判断を保留して頂きたい。死せるキリスト*とは、もしそれがもう一つの破砕された聖像でないとすれば、冒涜され、十字架に掛けられ、突

図 2-3　『ピエタ』、Musée Anne de Beaujeu, Moulins, XVᵉ siècle, Collection Tudot
（アンヌ・ドゥ・ボージュー美術館、ムーラン市、十五世紀、テュド・コレクション）

き刺され、埋葬されようとしている神の、完全な像でないとすれば、一体何なのだろうか。この聖像破壊的な行為は、したがって、既に破壊されていた像を襲ったのだ。（既に）十字架に掛けられた聖像を（再び）十字架に掛けることは、何を意味しうるのか。

ここで我々は、見事な聖像危機に直面しているのではないだろうか。偶像破砕者は既に破砕されていた聖像を破壊したのだから、彼の（――かなり漠然とした理由で私はこの種の行為に関して男性形を使い続けているが、その彼の）行為は余計だった。しかし、これら二つの行為の間には一つの違いがある。前者があらゆる聖像の弱さについての古くからの長期間にわたる熟慮に属するのに対して、後者は、あたかも偶像や偶像崇敬者が本当に存在しているかのように、全ての偶像を駆逐するという、一種の過度に単純化された欲求を付け加えているに過ぎない。像論争の戦士たちはいつも同じ誤りを犯している。素朴な信仰の存在を素朴に信じるという誤りである。偶像破砕者は、このピエタ像の崇敬者が素朴な偶像崇敬者でしかなく、それに対して偶像破砕者である自分は遂にあらゆる偶像崇拝から免れたのだと想像することで、自らの素朴さを証明する以外のことは何もしていないのかもしれない。しかしながら、この偶像を彫刻させた伝統の中では、打ち砕かれたキリストを元にした像は既に、それを偶像崇拝的に消費することを禁じるために作られているのである。その像は既にあらゆる消費に不適切なのだから、それを破砕しようとする者は、それについて何も理解していない。[38]

ルイ・マラン**が非常に見事な著作の中で主張しているように、上述のことは、何かを見せようとするよりも視界を曇らせようとする、キリスト教の宗教画に関しても同様である。[39] 多数の小さな工夫が、鑑賞者や崇敬者を、自分の目の前にあるものを見ないように強いるのである。しかしそれは、聖像の弁護者がしばしば主張するように、像に対する注意をある原型に向けさせることによってでは全くない。見るべき原型などないのだ。さもなければ、純然たるプラトン主義になるだろう。[40] そうではなく、ただ単に、別の像に注意を逸らすのである。

---

(38) 以下の著作所収のジョゼフ・ケルナー（Joseph KOERNER）のボッシュについての見事な章を参照せよ。JONES and GALISON, *Picturing Science, op. cit.* また、以下の著作における「不同（dissimiles）」という概念を参照せよ。Georges DIDI-HUBERMAN, *Fra Angelico, Dissemblance et figuration*, Paris : Flammarion, 1990.〔邦訳はジョルジュ・ディディ=ユベルマン著、寺田光徳・平岡洋子訳『フラ・アンジェリコ、神秘神学と絵画表現』平凡社、二〇〇一年、七五頁。〕

(39) Louis MARIN, *Opacité de la peinture. Essai sur la représentation en Quattrocento*, Paris : Usher, 1989〔; nouvelle édition, Paris : l'EHESS, 2006〕.

(40) ジャン・ヴィール（Jean WIRTH, « Faut-il adorer les images ? La théorie du culte des images jusqu'au concile de Trente », *in* C. DUPEUX, P. JEZLER, J. WIRTH, *Iconoclasme, vie et mort de l'image médiévale, op. cit.*, pp. 28-37）は、像とその原型についての好感の持てる視覚的な要約の中で、論争に内在する矛盾を改めて体現している。と言うのも彼は、像の尊重（ドゥリア〔聖人や聖像に捧げられる礼拝〕）と模範への崇敬（ラトリア〔神のみに捧げられる礼拝〕）の違いを示すために、必然的に、原型の像と原物の像という二つの像を描くことを強いられるのである。

＊ フランス語版では「死せるキリストの像」（l'image d'un Christ mort）とあるが、これは重大な誤訳である。英語版（a dead Christ）に従って「死せるキリスト」と訳した。

＊＊ フランス語版の「Louis Martin」を「Louis Marin」と修正した。

エマオの巡礼者たちは、カラヴァッジョが描いた旅の道連れたちに特に何も気付かないが、（聖体としての）パンの分割が、彼らが見るべきであったものを露呈させる。鑑賞者はそれを、画家がパン切れに付与する非常に弱い光によって、初めて見ることができるようになる。しかしそれは一つの絵画でしかない。注意を向け直させること、それが、これらの像が信奉者を一つの像から別の像へ赴くように駆り立てることで、常に遂行しようとしていることである。「あの方は復活なさって、ここにはおられない。御覧なさい。お納めした場所である。」（マルコによる福音書16.6〔新共同訳〕）

それらの像論争は、何という酷い錯乱なのだろうか。既に二つに分割されたのでない像など一つもないのだから。各々の聖像は「ノリ・メ・タンゲレ（私に触れるな）」と繰り返し、敵対者たちはその聖像が注意を引き過ぎると言って非難するのだ！　既にこれほどまで巧妙かつ繊細に脱構築された諸々の像を、素朴に再破壊し再脱構築するのに、本当に我々はもう一世紀を費やすつもりなのか。

孤立した科学的な像は指示対象を持たない

科学という分類のもとに集められた諸系列を検討すると、像の継起はより一層顕著である。[41] 一つの孤立した科学的な像には意味がない。それは何も証明しておらず、何も表現しておらず、指示対象を持っていない。なぜなのか。キリスト教の宗教的な像以上に、科学的な像とは、あるいはより適切に言うならば科学的な記載物とは、系列の中で次の像ないし記載物に到達することを可能にする諸指示の集合のことだからである。[42] 一つの数値表は一つの地図へ導き、それは一枚の写真へ導き、それは一つの図表へ導き、それは文章の一節へ導き、それは一つの検証へ導く。この系列の全体には意味作用があるが、そこから切り離して捉えられた個々の部分には意味がない。

天文学から取り出されガリソンによって提示された非常に見事な諸系列が表している現象を「把握」したければ、それらの系列のいかなる場所に立ち止まることもできない。[43] なぜなら、客観性や可視性や真実性は、系列の端から端までの道のりから生じるのである。ラインベルガーによって提

(41) 「継起」(cascade) という用語は、この連続を描写するためにトレヴァー・ピンチによって導入された (Trevor PINCH, « Observer la nature ou observer les instruments », *Culture technique*, 14, 1985, pp. 88-107)。*Cf.* Michael LYNCH, Steve WOOLGAR (edited by), *Representation in Scientific Practice*, Cambridge, Mass. : MIT Press, 1990.

(42) この継起の効果の描写に関しては以下を参照せよ。Bruno LATOUR, *L'Espoir de Pandore. Pour une version réaliste de l'activité scientifique*, Paris : Éditions La Découverte, 2001〔原著は *Pandora's Hope. Essays on the Reality of Science Studies*, Cambridge, Mass. : Harvard University Press, 1999. 邦訳はブルーノ・ラトゥール著、川崎勝・平川秀幸訳『科学論の実在――パンドラの希望』産業図書、二〇〇七年〕; Bruno LATOUR, « Les vues de l'esprit », *in* Madeleine AKRICH, Michel CALLON et Bruno LATOUR, *Sociologie de la traduction. Textes fondateurs*, Paris : Presses de l'École des Mines de Paris, 2006, pp. 33-69.

(43) カタログを参照せよ。Peter GALISON, « Images scatter into data. Data gather into Images », in *Iconoclash*, *op. cit.*, pp. 300-323. 以下も参照せよ。Lorraine DASTON and Peter GALISON, *Objectivity*, New York : Zone Books, 2007.

示された分子生物学の例についても同様である。標識付けの連続する諸工程のいかなる段階にも見るべきものは何もないが、しかし遺伝子を観察するのにそれ以外の手段はない。[44] 科学における不可視性は宗教よりも一層顕著であり、したがって、科学の可視的な世界と宗教の「不可視的な」世界の対比ほど不条理なものはない。どちらの世界も、常に他の諸々の像へ導く、破砕され、不完全で、中断され、確かに不透明な像による他は、把握されえない。

像から目を離し、諸々の像が表象していると想定される原型の方へ関心を向けることは、より少なく、無限により少なく見るということだろう。[45] 〔女性の〕物理学者に、彼女の持つ検出装置によって実現された記録を放棄するように要求すれば、彼女はもう何も検出しないだろう。常により多くの記録を、常により多くの道具的な結果を、常により多くの方程式を集めることで初めて、彼女は何らかの見通しを持ち始めることになる。[46] 彼女の象牙の塔の閉じた壁の内側でのみ、彼女は、「外側の」世界へほんの少しでも到達すると主張することができる。

科学的な像のこの逆説は、ここでも再び、像論争の戦士たちには完全に見落とされている。彼らは、可視的なものと不可視的なもの、像と原型、外側の世界と人為的で構築された内側の世界、これらの間で選ぶことを我々に乱暴に要求する。記載物が人為的であればあるほど、何かを関係付け、他のものと関係し、より良い客観性を絶えず創出するその記載物の能力が増大するということを、彼らは理解することができないのだ。

したがって、外側に実在する世界により良く、そしてより速く到達するために、科学の多様な媒介物を破壊するように偶像破砕者たちに求めることは、啓蒙への呼び掛けではなく、野蛮への呼び掛けとなる。我々は本当に、構成主義と実在論の間を、人為性と真正さの間を、激しく揺れ動きながらもう一世紀を過ごさなければならないのだろうか。科学には、素朴な崇敬や素朴な軽蔑以上の価値がある。科学の不可視性の体制は、宗教や芸術の不可視性の体制と同じくらい刺激的である。科学の諸痕跡の繊細さは、新たな形式の処理と注意を要求する。それは——そう、なぜこの言葉を差し控える必要があろうか——その繊細さに適合した精神性を要求するのだ。

芸術は贖罪されない

ある像を他の像と関係付けること、像の諸系列と戯れ、それらを反復し、再生産し、微妙に変形することと、それは、悲しくも有名な「機械的再生産の時代」よりも前から一般的な芸術的実践だっ

---

(44) カタログを参照せよ。Hans-Jörg RHEINBERGER, « Auto-Radio-Graphics », in *Iconoclash, op. cit.*, pp. 516-519. 以下も参照せよ。Hans-Jörg RHEINBERGER, *Toward a History of Epistemic Things: Synthesizing Proteins in the Test Tube*, Stanford : Stanford University Press, 1997.

(45) それゆえ、科学者の眼差しが新たな科学的な像の奇妙さに順応するのには、多くの時間が必要だった。以下の著作でこのことが見事に示されている。Lorraine DASTON and Katharine PARK, *Wonders and the Order of Nature, 1150-1750*, New York : Zone Books, 1998.

(46) Peter GALISON, *Image and Logic. A Material Culture of Microphysics*, Chicago : The University of Chicago Press, 1997.

たし、今でもそうである。「間テクスト性」は、芸術の分野で像の継起を考える仕方の一つである。それは、各々の像が、既に産出された全ての像との間に保つ深い錯綜した関係のことであり、誘拐、暗示、破壊、距離、引用、パロディー、対立などの複合的な関係のことである。

しかし、より直接的な関係が存在する。宗教的表象と科学的表象によって投影された影は、多くの点で、*模倣的表象の問いを通じて西洋の芸術に付きまとった。つまり、信奉者たちに教義を改めて提示する義務から、いかにして逃れるのか。「単に客観的」で、「純粋に表象的」で、ほぼ科学的である挿絵の圧政から、いかにして逃れるのか。この二重の義務から眼差しを解放しようとする意志が、近代芸術と呼ばれたものの非常に多くの創意工夫を説明する。無論、「反動的な」批判者たちは、あたかも時間を遡ることが可能であるかのように、「真の現前」や「正確な表象」や「模倣《ミメーシス》」や美への崇拝に、決して飽きることなく訴える。[47]

したがって、ここにはもう一つの逆説、もう一つの聖像危機がある。つまり、現代芸術はこれほど激しく何から逃れようとしたのか。多くの聖像破壊、多くの禁欲主義、多くの熱意そして更には熱狂は、何を標的にしていたのか。宗教的な聖像と、それらの聖像の実在的現前への強迫観念だろうか。しかし、宗教的な聖像にとっては、不在を現前させること以外の何も決して重要ではなかった。科学的な画像製作技術だろうか。しかし、いかなる孤立した科学的な像も模倣の力を持っていない。科学によって産出された像ほど非表象的で非象形的なものはないのだが、それにも拘らず、それらの像こそが可視的な世界への最も信頼できる通路を提供すると主張されている。[48]

ここでもまた、像論争は我々の眼差しを完全に誤った標的の方へ向けさせる。宗教と科学自体を避けることによって現前と模倣の重圧を免れようとした芸術家は多いが、その宗教と科学は、更に大きな熱意を持って現前と透明性と模倣から逃れようとしたのだ！ まさに過誤による喜劇である……。

更にどれだけの期間我々は、像や設置（インスタレーション）や対象（オブジェ）を、それらが立ち向かい、取って代わり、破壊し、笑い物にし、追い払い、パロディー化することを目標にしている、他の諸々の像や設置や対象によって裁くつもりなのか。芸術は、各々の作品が多くの奴隷や

（47） George STEINER, *Réelles Présences*, Paris : Gallimard, 1991〔原著はGeorge STEINER, *Real Presences*, Chicago : The University of Chicago Press, 1989. 邦訳はジョージ・スタイナー著、工藤政司訳『真の存在』法政大学出版局、一九九五年〕; Jean CLAIR, *Considérations sur l'état des beaux-arts, Critique de la modernité*, Paris : Gallimard, 1983. 現代芸術を巡る論争をまとめた資料としては以下を参照せよ。Partick BARRER, *(Tout) l'art contemporain est-il nul ? Le débat sur l'art contemporain en France avec ceux qui l'ont lancé, Bilan et perspective*, Lausanne : Favre, 2000.

（48） James ELKINS, *Why are our Pictures Puzzles?*, London : Routledge, 1999. 科学哲学者たちが可視的な世界という彼らの概念や、模範と複製という彼らの認識論を引き出したのは、絵画を（そして恐らくはオランダ絵画を）見ながらであると、主張するところまで行くことも可能であろう。以下の古典的著作を参照せよ。Svetlana ALPERS, *L'Art de dépeindre : La peinture hollandaise au XVIIe siècle*, Paris : Gallimard, 1990.〔原著はSvetlana ALPERS, *The Art of Describing: Dutch Art in the Seventeenth Century*, Chicago : The University of Chicago Press, 1983. 邦訳はスヴェトラーナ・アルパース著、幸福輝訳『描写の芸術——17世紀のオランダ絵画』、ありな書房、一九九三年。〕

* フランス語版の「à mains égards」を「à maints égards」と修正した。英語版では「in many ways」。

犠牲者から成る長い行列に随行されることを、それほど望んでいるのだろうか。現存する諸々の像を変形させることが、本当に唯一の気晴らしなのか。

幸いなことに、像とその変形との間の否定的な関係に全く立脚しない、あらゆる種類の芸術形式を有する設置や装置が存在する。それらの形式が模倣に立脚すると言うのではない。そうだとすれば、視覚的慣習のうちの最も退屈なものへ眼差しが限定されてしまうだろう。そうではなく、それらの形式は、像の変換を好み、流れから取り出されて固定された古典的な像の観察的体制を根本的に変質させるような、諸変更の連鎖を好むのである。

破壊されたものの力に常に立脚する聖像破壊的な変形と、再表象の生産的継起との間には、最大限の差異がある。

九一一の後で

クリスタン、コラス、ガンボーニ、アスマン、[*]そしてその他の多くの人々が示したように、像の地位と政治との間には常に直接的な関係があった。像の破壊はいつも、念入りに計画され組織された行為だった。偶像の破壊ほど、大衆的でなく、自発的でなく、偶然的でないものは他にない。そして表象〔または代表〕（representation）という言葉は科学や宗教や芸術の中よりも更に明確に公的空間の中で現れるが、我々は、この展覧会では政治における聖像破壊を別個の分野として扱うことを望まなかった。それには一つの単純な理由がある。つまり、政治的媒介物の定義を刷新できるようになる前に、まずは像論争の彼方へ赴くことが不可欠なのである。(49) この展覧会の中で政治は偏在しているが、しかし故意に拡散させた仕方でそうなっている。政治的領域に適用された聖像破壊は、あまりにも安易なものになってしまった。「それは操作されているのか、それとも実在するのか」という愚かしくも激しい要求は、どこよりも政治において沸き起こる。それはあたかも、ここでもまた、手の作業、念入りな操作、人間による媒介が一方の欄に、真実、正確さ、忠実な表象がもう一方の欄に、記載されなければならないかのようである。それはあたかも、第一の欄に記入されているものは全て、第二の欄から差し引かれなければならないかのようである。これは奇妙な記帳方法であり、それはあらゆる政治、あらゆる宗教、あらゆる科学、あらゆる芸術を根本的に妨げるだろう。そしてそれは、第二戒律の無理な適用のもう一つの事例となるだろう。

しかし、像破壊に対する崇拝、究極の知的美徳としての聖像破壊に対する崇拝、批判精神、虚無主義への嗜好——それら全てが、ある出来事によって突然混乱に陥ったのかもしれない。「九一一」というその出来事を示す符号は、アメリカ合衆国では、緊急通報用の電話番号でもある。そう、二

---

(49) 政治的媒介物の定義の刷新というのは、三年後に同じくカールスルーエ市のＺＫＭ（Zentrum für Kunst und Medientechnologie／芸術メディアセンター）で行われた第二の展覧会の主題だった。その展覧会もまた、浩瀚なカタログの対象となった。Bruno LATOUR and Peter WEIBEL, *Making Things Public. Atmospheres of Democracy*, Cambridge, Mass. : MIT Press, 2005.

＊ 順に Olivier Christin, Dominique Colas, Dario Gamboni, Jan Assmann.

○○一年九月十一日以来、宗教、政治、科学、芸術、批判の諸領域におけるあらゆる種類の像に対する我々の扱い方に関して、緊急事態が宣言されたのであり、そして、狂信の根源についての熱狂的な探究が始まったのである。

媒介物の拒否、超越的対象の出現において作業をしている手の忘却、為していることと為していると思っていることとの間の近代主義的な切断、ここでは虚無主義をそのようなものとして理解しているのだが、その虚無主義を他の人々に対しては実際に適用し、我々自身には象徴的に適用することが我々に可能である間は、その虚無主義は美徳として、確固たる長所として、革新と活力の驚嘆すべき源泉として現れることができた。しかし、初めてアメリカ合衆国、西洋人、勇敢な偶像破壊者、自由の戦士たちの方が、今日、虚無主義と狂信によって脅かされている。

アメリカの脚本家たちには、彼らが苦心して作り上げてきたホラー映画の特殊撮影が、急に許容し難いものとして感じられている。なぜなら、そのあまりにも存在感のある実在性は、それが起こりえない限りでのみ許容されうるものだったのだ。同様にして、破壊、脱神話化、批判、暴露、告発の、絶えず繰り返される言説が、我々には結局それほど面白くなく、生産的でなく、保護的でないものとして感じられるのかもしれない。

我々が一度も近代的ではなかったことを、我々は知っていた（私は知っていた！）。しかし、今後我々は更に非近代的である。つまり我々は脆く、弱々しく、脅かされている。それは要するに常態への回帰であり、我々の勇敢で野心的な近代化によって「不条理な信仰」から「解放」される前の「他の人々」が暮らしていた、不安で注意深い時代への回帰である。我々の偶像に、我々の物神に、我々の物神事実に、我々が全く制御できない諸対象を我々の手が生産するこの上なく脆弱な方法に、我々が新たな熱意を持って執着しているように、急に思われてくる。我々の諸制度、我々の公的領域、我々の科学的客観性、更には我々の宗教的実践、我々がこれまで好んで憎悪の対象としてきた全てのものを、我々は、一種の刷新された不安気な共感を覚えながら、見詰めるのである。突然、冷笑的な態度が少なくなり、皮肉が少なくなる。それは、像に対する崇拝であり、念入りに作り上げられた媒介物に対する欲求であり、つまりビザンティン帝国の人々が「経済《オイコノミア》」と呼んでいたものであり、あるいはただ単に文明と呼ばれていたものである。

一つの展覧会や一つのカタログでは、大したことはできないということを、私は自覚している。しかし、祈ること、知ること、投票すること、集合することなどを我々に可能にしている諸々の媒体の、弱さと脆さの方へ注意を引くことこそが、『聖像衝突』というこの「思考の展覧会」の中で我々がしようとしたことである。今度は読者や訪問者である皆さん自身が、皆さんが保護したいと思っているものと破壊したいと思っているものを自分で見る番である。

ところで、もしモーセの民が第二戒律をあれほどまで不注意な仕方で解釈しなかったなら、彼はそれをどのように表明しただろうか。それを述べるには少し早過ぎるが、「あなたは静止像を注視してはならない」というのが、より忠実な解釈であったと断言できると思う。

『聖像衝突』の付録

カタログの目次㊿

WHAT IS ICONOCLASH?

WHY DO IMAGES TRIGGER SO MUCH FUROR?

WHY ARE IMAGES SO AMBIGUOUS?

88 **Dario Gamboni**: Image to Destroy, Indestructible Image
136 **Lorraine Daston**: Nature Paints
139 **Brigitte Derlon**: From New Ireland to a Museum: Opposing Views of the Malanggan
143 **Peter Geimer**: Searching for Something. On Photographic Revelations
146 **Jean-Marc Lévy-Leblond**: Galileo's Finger
148 **Dominique Linhardt**: All Windows Were Open, but Nothing Happened. Nothing? Well… Except a Lot!
151 **Bruno Pinchard**: Tender Blasphemy: Three States of the Image, Three States of Love, in the Renaissance
155 **Jerry Brotton**: Saints Alive. The Iconography of Saint George
158 **Miguel Tamen**: Theophilia
161 Insert: Hans-Christian Andersen, The Emperor's New Suits

WHY DO GODS OBJECT TO IMAGES?

164 **Joseph Koerner**: The Icon as Iconoclash
214 **Pierre-Olivier Léchot**: "Idols Fall and the Gospel Arises!" The Farel Memorial in Neuchâtel: History of a Paradox
218 **Jean-François Clément**: The Empty Niche of the Bāmiyān Buddha
221 **Jean-Michel Frodon**: The War of Images, or the Bāmiyān Paradox
224 **Catherine Lucas**: The Hidden Imam
227 **Ramon Sarró**: The Iconoclastic Meal: Destroying Objects and Eating Secrets Among the Baga of Guinea

---

（50）本書第二論文「聖像衝突」の最初の注（一五三頁）を参照せよ。〔以下の目次の内容は原著を元に修正したものである。〕

WHY IS DESTRUCTION NECESSARY FOR CONSTRUCTION?

ARE THERE LIMITS TO ICONOCLASM?

CAN THE GODS COHABIT TOGETHER?

WHAT HAS HAPPENED TO MODERN ART?

【訳者解題】 超越性の製作

本書はBruno Latour, *Sur le culte moderne des dieux faitiches* suivi de *Iconoclash*, Éditions La Découverte, Paris, 2009の全訳である。

著者のブリュノ・ラトゥールはフランス語の母語話者であるが、フランス語と英語の両方で論文を書く。フランス語で書かれたものの多くは英語に訳され、英語で書かれたものの多くはフランス語に訳されている。英語で書かれたものがフランス語に訳される場合、翻訳は第三者に委ねられるが、その際、基本的にラトゥール自身による加筆修正が行われる。本書所収の第二論文『聖像衝突』はその事例に該当する。現在までラトゥールの主要著作四点が邦訳されているが、[1] いずれも英語からの、もしくは英語を経由した訳であり、ラトゥールの名前も英語風に「ブルーノ・ラトゥー

(1) ブルーノ・ラトゥール著、川崎勝・高田紀代志訳『科学が作られているとき――人類学的考察』産業図書、一九九九年。ブルーノ・ラトゥール著、川崎勝・平川秀幸訳『科学論の実在――パンドラの希望』産業図書、二〇〇七年。ブルーノ・ラトゥール著、川村久美子訳『虚構の「近代」――科学人類学は警告する』新評論、二〇〇八年。ブルーノ・ラトゥール著、堀口真司訳『法が作られているとき――近代行政裁判の人類学的考察』水声社、二〇一七年。

ル」とされている。本書では、本来のフランス語名をより忠実に表現するために「ブリュノ・ラトゥール」と表記する。

本書の題名は『近代の〈物神事実〉崇拝について――ならびに「聖像衝突」』と訳した。本書所収の第一論文と第二論文を「――ならびに」という言葉で繋いだ題名である。第一論文『近代の〈物神事実〉崇拝について』は、シャルル・ド・ブロスの一七六〇年の著作[2]の題名「Du culte des dieux fétiches」を真似たものである。「dieux fétiches」は「物神的な神々」という意味で、要するに「物神」を意味するので、ド・ブロスの著作の題名は簡単に『物神崇拝について』と訳すことができる。ラトゥールはこの「物神」(fétiches)の部分を、「物神的事実」ないし「事実的物神」を意味する造語(faitiches)で置き換えている。我々はこれを「物神事実」と訳すことにした。したがって、「物神崇拝」の部分が「物神事実崇拝」となる。この「物神事実」という言葉が造語であることと、第一論文の題名中ではこの語がイタリック体で示されていることを考慮に入れて、「〈物神事実〉崇拝」と表記することにした。更にラトゥールは「崇拝」に「近代の」(moderne)という形容詞を付加しているので、全体として『近代の〈物神事実〉崇拝について』となる。

第二論文の題名『聖像衝突』(英語でもフランス語でもIconoclash)は、「聖像破壊」(イコノクラスム/iconoclasm)という言葉の「破壊」ないし「破壊思想、破壊運動」を意味する部分(「クラスム」)を「衝突」を意味する語「クラッシュ」(clash)に置き換えたものである。「クラッシュ」という語は日本語としても馴染んでいるので、そのまま片仮名で『イコノクラッシュ』とすることもできたかもしれないが、特にフランス語版では「iconocrise」（「聖像危機」と訳す）という語も同義語として多用されている（英語版にも「icono-crisis」という表現が一箇所ある）ので、訳語間の釣り合いを考慮に入れ、加えて語源を明確に示す方が良いという判断もあり、「聖像衝突」という訳語を選んだ。以上が、著者名の表記と邦題についての説明である。以下、この二つの論文の内容を順に解説する。

第一論文『近代の〈物神事実〉崇拝について』

本書所収の第一論文『近代の〈物神事実〉崇拝について』は、一九九六年に出版された『近代の物神事実崇拝についての小考察[3]』が元になっており、これに二〇〇二年の論文「作製／破断[4]」の一

（2） Charles DE BROSSES, *Du Culte des dieux fétiches* (1760), réédition Corpus des Œuvres de Philosophie, Paris : Fayard, 1988. シャルル・ド・ブロス著、杉本隆司訳『フェティシュ諸神の崇拝』法政大学出版局、二〇〇八年。

（3） Bruno LATOUR, *Petite réflexion sur le culte moderne des dieux faitiches*, Paris : Les Empêcheur de penser en rond, 1996.

（4） Bruno LATOUR, « Factures/fractures. De la notion de réseau à celle d'attachement »〔「作製／破断。組織網の概念から結び付きの概念へ」〕 in André MICOUD et Michel PERONI, *Ce qui nous relie*, La Tour-d'Aigues : Éditions de l'Aube, 2000. 本書第一論文第二部の「いかにして「出来事に超過された」行為を理解するのか」と題された節に、この「作製／破断」からの改作が組み込まれている。『マファルダ』の漫画に関する部分である。

部が組み込まれたものである。図は全て描き直されているが、「作製／破断」が組み込まれた部分以外は、文章には大きな変更はない。また、一九九九年の『パンドラの希望』(5)の第九章（「結論」の直前の章）が「行為のささやかな驚き／事実、物神、物神事実」と題され、そこで本論文の内容が改めて論じられている。

本書所収のこの論文は、第一部「魔力を持つ対象、事実としての対象」、第二部「転移的恐怖」、という二つの部分から成る。第一部では物神崇拝を理解する枠組みが、第二部では崇拝対象の存在論が主題となる。第一部から第二部への展開に着目すると、第一部では主体によって構築された客体が自立性を獲得することが主張され、第二部では客体に自立性を与えることで主体が自立性を獲得することが主張されていると言える。しかし、この二点を主張することは、主体、客体、自立性などの概念を変質させ、言わば脱構築することになる。ここで試みられているのは、近代的な主体／客体構造の解体と、より柔軟な存在論の提案である。

まずは第一部の議論を、必要な解釈を施しながら、なるべく短くまとめてみる。近代人は物神崇拝（fétichisme/fetishism）を批判する。(6)その主な理由は、被製作性（人間性、内在性）と聖性（神性、超越性）が矛盾すると考えられるからである。物神を崇拝する未開民族には正しい知識や概念的区別が欠けており、それゆえ間違った信仰によって支配されていると見做される。この見方が偏見に満ちたものであることは、あえて強調するまでもないだろう。ラトゥールが強調するのは、製作と超越は矛盾しないということと、近代人もまた超越的なものを大量に製作しているということである。また、商品価値（表層的な価値）は人間の労働（真の価値）から派生する二次的なものでしかないと考えるマルクス的な物神崇拝批判に対しても、ラトゥールは否定的である。なぜなら、物神に実際の効力があることは明らかだし——そうでなければ物神を批判する理由もなくなるだろう——また、その効力の「真の」起源を突き止めようとしても、その起源はどこまでも分散するだけで、どこにも収斂しないからである。

それにも拘らず近代人は、「事実」と「物神」の区別に固執し、物神崇拝を二重に告発する。一方で近代人は、物神崇拝においては、主体は客体（物神）の力に支配されていると信じているが、実はそれは幻想ないし錯覚であり、自由な主体が客体に自らの主観的ないし社会的な力を投影して

（5） Bruno LATOUR, *Pandora's Hope. Essays on the Reality of Science Studies*, Cambridge, Mass. : Harvard University Press, 1999, pp. 266-292. 邦訳前掲書『科学論の実在——パンドラの希望』三四七－三八二頁。

（6） ラトゥール自身は必ずしも常にこれらの用語の正確性にこだわっているわけではないが、第二論文『聖像衝突』の内容にも係わるので、我々は「聖像」と「偶像」と「物神」を以下のように区別しておく。①聖像（icon）とは、聖なるものの像のことである。聖像は、超越的な崇拝対象を感覚的なものとして表現することが流聖行為に該当するという理由で、批判されることがある（イコノクラスム、聖像破壊）。②偶像（idol）とは、それ自体が聖なるものとして崇拝される像のことである。偶像は、聖なるものを表現するだけの像そのものが誤って崇拝されているという理由で、批判されることがある（偶像崇拝批判）。③物神（fetish）とは、それ自体が聖なるものとして崇拝される（主に製作された）物のことである。物神は、人間によって作られたり選ばれたりした物でしかないものが誤って崇拝されているという理由で、批判されることがある（物神崇拝批判）。

いるだけである、と言って告発する。しかし次に近代人は、主体は今や自分が物神から解放されて行動していると信じているが、それは幻想ないし錯覚であり、実はその行動は諸々の客観的な因果関係によって規定されているのだ、と言って告発する。この二つの告発は矛盾しているようにも見えるが、近代の概念体系の中では、主体の極も客体の極もそれぞれ一定の価値観に基づいて二分割されており、矛盾が起こらない仕組みになっている。つまり、主体のある部分は能動的であるが、ある部分は受動的であり、客体のある部分は客観的（したがって能動的）であるが、ある部分は主体による投影（つまり受動的）であると考える。主体の能動性が客体の受動的な部分を規定し、客体の能動性が主体の受動的な部分を規定するというのだ。このような四分割に基づく理解は正当だろうか。

　ここでラトゥールの見解を支えるのは、『実験室生活』（一九七九年）[7]、『微生物――戦争と平和』（一九八四年）[8]、『活動中の科学』（一九八七年）[9]などの初期の著作を通じて練り上げられた、彼の科学観である。科学論においては伝統的に構成主義と実在論の二つの立場が相対するが、科学の実際の営みの中ではこの区別が成り立たず、むしろ、構築されたものが自立性を獲得して実在になるという動きを理解すべきだとラトゥールは考える。ラトゥールによれば、一九七〇〜八〇年代に展開した、科学的な知識を専ら社会学的に説明しようとする「科学的知識の社会学」の試みは、科学的知識の対象の自立性を充分に捉えることができずに破綻したが、少なくとも、素朴な実在論を回避する道を開いた点で有益だった。「事実」と「物神」を本質的に区別しようとするのは、ある種の素朴な実在論に接近する立場であり、つまり、近代に特徴的な概念構成に基づいて科学の営みを認識論的に再構成する見方に近づくものである。

「事実」(fait/fact)という言葉と「物神」(fétiche/fetish)という言葉は、「為されたこと」、「作られたもの」を意味する同じ語源を共有しながら、前者が「外部の実在」という超越的側面を強調するのに対して、後者は「人間の製作物」への「主観的な信仰」という二重の内在性を強調している。しかしこの二つの側面は実践においては結び付いているとラトゥールは考え、この結び付きを示すために、「物神事実」(faitiche/factish)という造語を導入する。この語は、「事実的物神」とも「物神的事実」とも訳すことができるが、要は物神と事実の区別を脱構築するための言葉である。ラトゥールはデリダ的な脱構築を積極的に評価しておらず、むしろ「脱構築」という言葉にある程度の距離を取りつつそれを用いているが、彼が実践しているのはまさに一つの脱構築的な作業であると言える。注意すべきなのは、物神と事実を区別する近代的な理論的要請と、この区別を回避する実践的な運動との関係を単純化して、単に前者を批判的に扱うだけでは不充分であると、ラ

---

(7) Bruno LATOUR and Steve WOOLGAR, *Laboratory Life. The Social Construction of Scientific Facts*, London : Sage Publications, 1979.(一九八六年の第二版では副題から形容詞「Social」が削除された。)

(8) Bruno LATOUR, *Les microbes : guerre et paix*, suivi de *Irréductions*, Paris : Éditions Anne-Marie Métailié, 1984. 現在は以下のように改題されている。*Pasteur : guerre et paix des microbes*, suivi de *Irréductions*.

(9) Bruno LATOUR, *Science in action. How to follow scientists and engineers through society*, Cambridge, Mass. : Harvard University Press, 1987. 邦訳前掲書『科学が作られているとき――人類学的考察』。

トゥールが強調している点である。

近代人であれ非近代人であれ、我々の生活は数多くの物神事実によって織り成されており、物神事実なしでは成り立たない、つまり構築から自立への移行なしでは成り立たない。しかし、近代的な認識において物神事実は常に「破砕」され、つまり物神と事実とに分割され、そしてその亀裂は実践において直ちに「修復」されている。実践において修復されるのであれば、なぜ一旦破砕される必要があるのか。それは、この破砕が諸力の効果的な動員を可能にするからである。『我々は一度も近代的ではなかった』（一九九一年）[10]の中で主題的に論じられているように、近代は、自然的要因と文化的要因とを認識において純化することで、実践においてより効果的に両者の混合物を（「翻訳」の働きによって）大量に生産してきた。ラトゥールは単に純化の働きを批判しているのではないし、単に近代批判をしているのでもない。むしろそのような二者択一的な批判的態度こそが批判の的になっている。そうではなく、彼は近代とは別の、より柔軟な存在論を模索している。

次に、第一論文第二部「移転的恐怖」の議論をまとめてみよう。第一部「魔力を持つ対象、事実としての対象」では、主体によって構築された客体が自立性を獲得することが主張されたが、第二部では更に、客体に自立性を与えることで主体が自立性を獲得することが主張される。ここでは、客体を物神事実として捉える視点を踏まえて、主に主体の在り方が論じられる。その際、トビ・ナタンの民族精神医学の治療現場の観察に基づいて考察が為される。トビ・ナタンの提唱する民族精神医学とは、主に移民の精神疾病を、出身地の文化を最大限考慮に入れて治療する試みであり、患者とその家族や関係者が、多分野の専門家（臨床心理士、一般医、精神科医、人類学者、社会学者、言語学者、弁護士など）五〜二十名以上が同席する会合に参加し、全員で輪になって議論を進める中で理解を深め、何らかの具体的な提案を模索するという方法が採られる。患者が純粋な治療対象としての立場を離れ、自分の苦痛についての多様な解釈を聞きながら自らも議論に参加するというのが、その特徴の一つである。(11) この治療は、ラトゥールによれば、内面性や自我を有することが義務付けられている心理学的に固定された主体性を解体する効果がある。ラトゥールの科学人類学が客体を行為者組織網《アクター・ネットワーク》の中に位置付けて脱実体化・脱認識論化するのだとすれば、民族精神医学は同じような仕方で主体を脱実体化・脱心理学化するのである。

伝統的な批判的思想は、実在的でない対象（「魔力を持つ対象」）を世界から駆逐し、実在的な対象（「事実としての対象」）のみで世界を満たそうとする。その上で、一方に客観的な客体（「原因としての対象」）、他方に主観的で内面性を持つ主体（「源泉としての主体」）を置いて、両者を「表象」によって接続させようとする。ラトゥールは、このような構図に現実を当てはめるのは困難だ

(10) Bruno LATOUR, *Nous n'avons jamais été modernes. Essai d'anthropologie symétrique*, Paris : Éditions La Découverte, 1991. 邦訳前掲書『虚構の「近代」——科学人類学は警告する』。

(11) トビ・ナタン著、松葉祥一ほか訳『他者の狂気／臨床民族精神医学試論』みすず書房、二〇〇五年、三九五-四〇七頁、「訳者あとがき」を参照。

と考える。彼は、「自らの行為によって幾分か超過される行為者」という、より動的な在り方を現実として受け止め、それを受け入れる「可変的で融通の利く存在論」の必要性を説く。つまり、画一的に構築／実在の二者択一を強いるのではなく、より柔軟に、個々の存在に固有の存在様式を認めようとするのである。民族精神医学の治療現場では、移民の土着信仰が考慮の対象になることが多い。その崇拝対象を、実在しないもの、文化的なもの、主体による投影、などと見做して無化するのではなく、その存在様式を見極めようというのである。

この考察の過程で確認される主な点は、①存在様式の多様性（崇拝対象も「存在する」ということ）、②存在とは実体ではなく行為であるということ、③存在の製作者は製作物によって保護され構築されるということ、などである。これらの点は、上述の『微生物——戦争と平和』の第二部を成す『非還元』と題された文章の中で表明された、「いかなるものもおのずから他のものへ還元可能でも還元不可能でもない。」という、「非還元性の原則」の帰結として捉えることが可能である。[12]つまり、全ての存在を（例えば合理的存在と非合理的存在のように）概念的に二分するようなことは不可能であり、だからと言って全ての存在が等質的だというのでもない。各々の存在はそのままでは他のものに還元不可能であり、ある程度の固有性を維持しているが、その固有性は絶対的に還元不可能なものではなく、他の存在との関係の中で自らの位置をある程度維持しているに過ぎない。したがって、個々の存在を可能にしているのは他の存在との関係であるが、この関係は本質と本質の関係のようなものではなく、行為と行為の関係として、より動的に捉えられるべきものである。民族精神医学の文脈で言うならば、①崇拝対象は存在する、②その存在は実体的なものではなく行為的なものである、③崇拝者と崇拝対象は相互に構築し合っている、ということが言える。

次にラトゥールは、この崇拝対象をより具体的に描写するために、それを「恐怖」(frayeur)という言葉で表現する。この言葉には主体性の破砕を含意する。「恐怖」は非人称的で、激しく動き回り、諸関係の意味を変化させる。それは主体のもとには留まらず、常に移行し、通過し、主体に接触しては跳ね返る。ラトゥールはこの運動を「恐怖の転移」ないし「移転的恐怖」と呼ぶ。民族精神医学の治療とは、どこからともなく主体に到来した恐怖を、どこでも良いので他の場所へ通過させること、恐怖が患者のもとに停止しないようにすることに存する。そのためには、何らかの策略(これを「魅力」と呼ぶ)が必要である。主体は、多くの恐怖の転移運動に囲まれつつ、諸々の策略によって、それなりの仕方で自らの存在を維持しているのである。

ここでは、支配性を前提とした思考からの脱却が重要だとされる。能動性(「する」)も受動性(「される」)も支配性を、つまり行為の力点と作用点の区別を前提としている。主体を規定する諸々の束縛からの解放を唱えるのではなく、悪い繋がりを良い繋がりに置き換える継続的な運動のみが有効である。自由とは、支配なしで生きることではなく、支配性なしで生きることである。前者の生き方

---

(12) Bruno LATOUR, *Pasteur : guerre et paix des microbes*, suivi de *Irréductions*, *Paris : Éditions La Découverte*, 2001 (*la première édition : Les microbes : guerre et paix*, suivi de *Irréductions*, Paris : Éditions Anne-Marie Métailié, 1984), p. 243.

は、悪い支配性を良い支配性に置き換えるという次元を脱していない。行為者組織網《アクター・ネットワーク》は、「する」や「される」ではなく、「させる」という結節点で織り成されている。「させる」という関係を根本的なものとして受け入れること、「させる」ことの連鎖が現実を織り成していると捉えること、これがラトゥールの存在論である。

第二部の結論部分でラトゥールは、「近代の物神事実崇拝」という表現に彼が与えた三つの異なる意味について説明する。①まず、「物神」と「崇拝」という語を通常の軽蔑的な意味で捉えることができる。この場合、近代人もそれらを有していると結論できる。彼らも至る所で被製作物に超越性を与えているのである。ただし彼らは、支配性の源泉を行為の起源としての人間主体に見出そうとし、それが不可能であることに気付くと、今度は逆に主体を因果関係の中に沈めて無化しようとする。②次に、「物神事実」と「崇拝」を肯定的な意味で捉えることができる。この場合、主体は自らが所有していない自立性を他の存在に与え、そのことによって自らも自立性を受け取る、と考えることができる。つまり、主体は被製作性から超越性への通路としての物神事実との関係の中で生じると考えるのである。ここで重要なのは、行為者が行為によって幾分か超過されるということである。この原則は支配性を相対化する。主体が客体を支配し切れないのと同様に、客体も主体を支配し切れない。これが超越性の製作であり、出来事というものの意味である。③最後に、移民と共に流入する崇拝対象について考えることができる。民族精神医学は移民を治療するだけでなく、実は我々を治療している。移民たちは崇拝対象を我々が思っているように「信じている」のではない。彼らはそれらの存在を実体として固定せずにそれなりに維持している。このような態度を理解し、受け入れることは、我々の近代的な二元論に柔軟性を与えてくれる。

以上が、本書第一論文『近代の〈物神事実〉崇拝について』の主旨である。ここでの議論を一言でまとめるのは難しいが、科学人類学と呼ばれる独特の科学論を展開してきたラトゥールが、今度は物神崇拝や土着信仰という、より文化人類学として一般的な対象を主題化することで、これまで練り上げて来た独自の哲学の射程を広げようとしているように見える。同じ哲学が、異なる対象を扱いつつ繰り返されることで、より豊かに成長していく様を見るようである。このことは、第二論文『聖像衝突』に関しても言える。そこでは、科学論から宗教的な主題への展開だけでなく、更に芸術、そして政治へ向かって視野が開かれることになる。

第二論文『聖像衝突』

本書所収の第二論文『聖像衝突』は、二〇〇二年五月四日から九月一日までドイツのカールスルーエ市の芸術メディアセンター（ZKM／Zentrum für Kunst und Medientechnologie）で行われた展覧会『聖像衝突／科学、宗教、芸術における像論争の彼方へ』の浩瀚なカタログの冒頭に収録された英語論文「聖像衝突とは何か。あるいは像論争の彼方に世界はあるのか」[13]のフランス語版からの訳である。ラトゥールはこのフランス語版を作成する際に、第三者による翻訳に多くの加筆修正を行うという形を採っているので、我々は英語版を参考にしながらも、フランス語版からの日本語訳を原則とした。以下、補足が必要だと思われる部分は積極的に解釈して補いつつ、ラトゥールの議論の流れを追ってみたい。

『聖像衝突』は聖像破壊的な展覧会ではなく、聖像破壊についての展覧会である。聖像破壊（イコノクラスム）と呼ばれる思想や運動や行為は、その破壊行為の意味や目的が了解されていることが前提となる。破壊行為なのかどうか、何を、なぜ破壊するのか、という点についての了解がなければ、それはいわゆる聖像破壊ではない。しかし、実際の像との関係においては、それが破壊的な関係のように見える場合であっても、その意味や目的の了解という前提が成り立たないことがある。あるいはもしかすると、そのような前提は本質的に成り立たないのかもしれない。このような状況をラトゥールは聖像衝突（iconoclash）または聖像危機（iconocrise）と呼ぶ。像というものの性質上、像破壊には本質的な曖昧さが付きまとう。それは一方的な破壊というよりも衝突であり、危機的な局面として理解されるべきなのかもしれない。

聖像（icon/icône）とは聖なるものの像である。聖像が破壊されるのは、聖なるものを像によって可視化することが涜聖だと見做されるからである。また、聖なるものの像を作ることで、その像自体が崇拝の対象となる場合がある。この場合、その像は偶像（idol/idole）と呼ばれ、偶像崇拝は、間違った対象を崇拝する行為として批判される。しかし、聖像なしで、聖なるものに到達することは可能だろうか。あるいはより一般的に、媒介物なしで、超越的対象（神や真理や客観性）に到達することは可能だろうか。あるいはそもそも、聖像を聖なるものに到達するための手段と見做すことは正当だろうか。媒介物は単なる手段なのだろうか。もし超越的対象にとって像的な媒体が不可欠であるなら、その場合、像破壊が破壊するのは像だけではないだろう。

超越的対象への直接的・無媒介的な到達という考えは、ある種の理想であり、幻想である。聖像は、トリノの聖顔布のように、アケイロポイエートスすなわち「人の手で作られたのではない」と見做されることで、より高い価値を持つものとされる。逆に、人間の手の関与を示すことは、崇拝対象の超越性を貶めることになる。これは科学においても同様であり、客観性はアケイロポイエートスであると仮定される。『実験室生活』でラトゥールとウールガーが行ったように、客観性の成立過程における人間的作業の介入を強調することは、科学に対する冒瀆、瀆聖、聖像破壊として非難される。しかしラトゥールの考えは全く逆で、彼によれば、超越的対象が成立するためには人間による製作的な作業の介入が不可欠であるし、そのような介入は、対象の超越性を貶めるどころか、むしろ逆に強化する。確かに我々には、一方で、像なしで済ませたいという欲求がある。しかし同時に、我々の周りには、至る所で像が氾濫している。これは、『我々は一度も近代的ではなかっ

(13) Bruno LATOUR, « What is Iconoclash? or Is there a world beyond the image wars ? » *in* Bruno LATOUR and Peter WEIBEL (edited by), *Iconoclash. Beyond the Image Wars in Science, Religion and Art*, Cambridge, Mass. : MIT Press, 2002, pp. 14-37.

た』の中で論じられた、理論的な純化の運動と実践的な翻訳（混合物の大量生産）の運動という近代特有の二面性に対応している。像が大量に生産されるのは、それが手段として必要だからではなく、それ自体が必要だからではないだろうか。像を手段と見做す見方の方が、むしろある種の事後的な理論的構築なのではないか。

展覧会『聖像衝突』とそのカタログでは、宗教、科学、芸術という三つの領域における像および像製作の在り方を中心に、三領域間の緊張関係の中で、聖像衝突が考察される。①今日でも、宗教的な像は最も激しい感情を掻き立てる。真の崇拝へ導くための宗教的な聖像破壊・偶像破壊と、理性的な良識へ導くための反宗教的な聖像破壊・偶像破壊の、どちらがより暴力的だろうか。聖像・偶像は無価値だから破壊されるのか、それとも脅威だから破壊されるのか。ここには間違いなく聖像衝突がある。②科学が描き出す世界の像は、まさに世界そのものであり、像ですらないと見做されることもある。しかし、その像の客観性は、多種多様な像的媒体（あらゆる種類の記載物）によって支えられている。科学においては、媒介物の数が多ければ多いほど、実在の把握がより良いものになる。ここにも聖像衝突がある。③芸術の領域では像の被製作性が最も自明である。現代芸術はこの自明性を引き受け、宗教や科学における像の在り方（と理解されていたもの）との違いを受け止めた上で、それらを突破すべく様々な実験を行う。そこでは芸術はしばしば芸術破壊と同義語となり、像の模倣的・観察的な在り方が常に揺り動かされている。ここにはまた別の聖像衝突がある。——以上のような宗教、科学、芸術における像の在り方を相互的に干渉させることで、我々は、像論争の彼方へ赴くことができるのだろうか。

展覧会『聖像衝突』の目的は、上述のように、宗教、科学、芸術という三つの領域を中心に、様々な次元、様々な形の聖像衝突を露呈させることである。ここで問題になっているのは、結局のところ、第一論文で主題化された「物神事実」と同じ問題であり、要は被製作性と超越性の関係であり、媒体の必要性と曖昧さをどう考えるかということである。製作されたのか／それとも超越的なのか。人間が全てを為すのか／それとも全ては超越者に委ねられているのか。この二者択一の彼方へ赴かなければならない。しかも、この「彼方へ」という言葉を重く受け止める必要がある。他者の素朴さを暴くことで満足するような安上がりの批判精神を乗り越えることが、この展覧会のもう一つの目的である。「彼方へ」と言っても、別の場所へ赴くことが求められているのではない。むしろその場に留まり、二者択一を突破するのではなく拒否し、中間領域をより本質的でより現実的なものとして捉えることが求められている。

より図式的な仕方で、ラトゥールは、聖像破壊的な態度を五類型（A型〜E型）に分類することを提案する。

【A型】の人々は全ての像に反対する。彼らは、超越性（真実、客観性、聖性など）に到達するには仲介物を完全に駆逐することが必要であり、そうすることが可能であると信じている。これは古典的な聖像破壊の純粋形式である。ただしA型とB型の区別は困難である。

【B型】の人々は像に反対するのではなく、「静止像の注視」に反対する。つまり特定の像への執着を拒否する。彼らも像の破壊者ではあるが、像を完全に駆逐することが可能だとも必要だとも思っていない。彼らは、「真実は像であるが、真実の像は存在しない」(つまり真実とは像のことであり、真実と別の場所に真実の像があるのではない)ということを知っており、像から像への移行のみが超越を可能にすると考える。しかしA型もB型も、実は変装したC型なのかもしれない。

【C型】の人々は像自体に反対ではないが、敵を効果的に攻撃するために、敵が大切にしている像を破壊する。つまり、ここでの聖像破壊は敵を攻撃する手段でしかない。A型、B型、C型を区別する決定的な方法はない。全てはC型的な欺瞞なのかもしれない。(批判に対する我々の批判も欺瞞かもしれず、『聖像衝突』も実は単なる破壊的な試みでしかないのかもしれない。その「本当の意味」を決定することは不可能である。しかしこの不可知的な状況こそが、まさに聖像衝突・聖像危機なのである。)

【D型】の人々は「無邪気な破壊者」であり、自覚なしに破壊し、場合によっては像を保護しようとして破壊する。典型的な例は壁画や建造物や街区の修復であり、これは事後的に破壊的だと見做されることがある。このような行為は、像を破壊する意図がない点で他の聖像破壊とは異なるが、同じく破壊的である。一般論として、自らの行為の二次的な効果や価値を完全に制御することは不可能である。

【E型】の人々は像に対して肯定的でも否定的でもない。彼らが像を批判するのは、像を駆逐するためではなく、冒涜への権利を主張するためである。彼らは不敬と無礼を誇示することを好む。こ

	宗教	科学	現代芸術	政治
A型	古典的な聖像破壊	純粋に客観的な真理の実在論	具象性の拒否	民意絶対主義、または理性による統治、民主的プロセスの軽視
B型	固定的な偶像崇拝を批判	個々の命題の内在的価値を否定	個別作品の内的価値を否定	個々の民意表現の内在的価値を絶対視しない態度
C型	異教批判	論敵批判	党派的批判	異なる政治信条に対する批判が最優先
D型	修復による破壊	合理化による論証的連鎖の破壊	神聖化や絶対視による破壊	政治的合理化や民主主義絶対主義による民主的プロセスの破壊
E型	風刺的・挑発的な批判精神	科学一般に対する文明論的批判	反芸術としての芸術	政治そのものに対する批判、または政治的無関心

れは、政治的に健全な、風刺的・挑発的な態度である。これもまた、他の類型から確実に区別することは出来ない。

このような聖像破壊的な態度の分類に、非常に独創的で興味深いが、それが論文中で充分に展開されていない点が悔やまれる。「宗教」、「科学」、「現代芸術」、そして最後に少し触れられる「政治」を加えた四つの領域にA型～E型を当てはめた場合、それは具体的にどのような聖像破壊的な態度として表現されうるのか、蛇足かもしれないが、我々なり考えて整理してみたので参考にして頂きたい。特に現代芸術に関しては、この表で示したもの以外の多様な解釈が可能であるように思われる。

以上のように、聖像破壊的な態度にも多様な類型があり、類型間、領域間の、多様な聖像衝突が考えられる。それらの衝突は、この展覧会では、重層的な不協和音として響いている。まずはこの不協和音をそのまま受け止めることが重要である。同時に、像論争の彼方へ赴くために、ラトゥールは、特定の像に執着せずに像の継起（cascade／滝のような連続）を重視するB型の見方を受け入れる必要があると考える。

①キリスト教に関しては、そこには既に像についてのある思想が含まれている。（あるいは逆に、像というものに対する我々の理解が既にキリスト教的なのかもしれない。）つまり、イエス自身が一つの破壊された像であると言える。イエスは神の像であり、十字架で処刑されることでその像は破壊され、固定的な偶像としては機能しなくなる。そしてイエスの復活が他の像への継起を象徴する。この「破壊された像」であるイエスの、更にその像を聖像破壊者が物理的に破壊するとき、一体何が破壊されるのか。像を破壊することで我々は神から遠ざかるのか、それとも神に近づくのか。宗教における像には、常に、このような二面性がある。

②しかし、像の継起が最も明白に現れるのは科学においてである。科学における像ないし記載物（inscription）は、何らかの現実を直接表現しているのではない。科学における像とは、ある系列の中で次の像に到達することを可能にする諸指示の集合のことであり、単体では意味を持たない。それゆえ、科学における不可視性は、実は宗教における不可視性よりも根が深い。具体的な継起的関係についての理解がなければ、そこには何も見えないのだ。そして、人為的な記載物の介入が豊富であればあるほど、より確固たる客観性が構築される。

③像を他のあらゆる像と関係付ける一種の「間テクスト性」は、昔から芸術の一般的な実践だっ

た。近代芸術は、超越者の現前を表現しようとする宗教的表象と、客観的な事実を表現しようとする科学的表象の両方から、自らを解放しようとした。しかし実は、宗教的表象で問題になっているのは必ずしも超越者の現前ではなく、むしろ超越者の不在をいかに現前させるかという問題であり、また、実は科学的表象ほど非表象的なものはない。現前や客観性を固定的に捉えて、それから逃れようとしている限り、芸術はいつまでも救済（ないし「贖罪」）されない。しかし、現代芸術においては、古典的な像の在り方を根本的に変質させるような、新たな継起的関係を模索する動きもある。

最後にラトゥールは、宗教、科学、芸術の次に念頭に置かれているもう一つの領域が政治であることを簡単に説明する。「表象／代表」（représentation）という言葉が科学や宗教や芸術以上に政治において用いられるのにも拘らず、この展覧会では、政治における聖像破壊は、別個の分野としては扱われていない。しかし、そこでは政治は拡散し、偏在している。製作と実在の二元論は、宗教、科学、芸術だけでなく、政治をも不可能にする。

我々は一度も近代的ではなかった（一度も製作と実在の二元論を徹底させなかった）が、今後我々はより一層非近代的になり、より正面から物神事実を見ることができるようになるだろう。つまり我々の生活を可能にしている諸媒体の重要性に、そしてその弱さと脆さに、目を向けることができるようになるだろう。これがラトゥールの一応の結論である。

＊＊＊＊＊

本書全体を貫く主張は、味気のない哲学的な概念を用いて表現するならば、超越性の製作という言葉でまとめられるように思われる。実在性の製作と言っても良い。それは単に主体が客体を製作するような関係ではない。主体と客体の相互的な製作という表現でも少し足りない。ラトゥールは、むしろ、主体や客体という位置取りを、純粋な形では達成されない事後的なものと捉え、両者を生み出す中間的な運動の方から状況を理解しようとする。そのことが「像」への関心となって現れている。中間項として実体化された像ではなく、媒介的な運動としての像である。世界はそのような像で溢れている。多様な媒介的な運動が、様々な次元で衝突を起こしつつ、主体と客体をそれなりに構成し、超越者や実在物をそれなりに構築し、動的なものとしての科学や宗教や芸術や政治を可能にしている。

ラトゥールの哲学においては、他者を理解するために自らの価値観を徹底的に相対化することを厭わない人類学的な方法の精神が堅持されている。しかし、彼は全てを相対化しようとしているのではない。全てが相対化されるのを外から観察するような安全な場所はどこにもない。我々はこの動的な現実を支配してはいない。しかし、その運動に常に関与していることも確かだ。特に我々は、あらゆる分野の多様な媒介物の在り方に関して、それらを動かすある程度の力を持っている。宗教も科学も芸術も政治も、媒介物の扱い方次第で、その性質や意味が変化する。ラトゥールが言うように現実が常に継続的に製作されるものであるなら、我々はどのような現実を望み、どのように媒介物を扱うべきなのか、考える必要がある。考えることに意味がある。

二〇一七年八月

荒金直人

装幀：近藤みどり
カバー図版：『ピエタ』、Musée Anne de Beaujeu, Moulins, XVe siècle, Collection Tudot（アンヌ・ドゥ・ボージュー美術館、ムーラン市、十五世紀、テュド・コレクション）

著者　ブリュノ・ラトゥール（Bruno Latour）
1947年生まれ。哲学者・人類学者。パリ政治学院（Sciences Po.）教授。主な著書に、『科学が作られているとき――人類学的考察』（川崎勝・高田紀代志訳、産業図書、1999年）、『科学論の実在――パンドラの希望』（川崎勝・平川秀幸訳、産業図書、2007年）、『虚構の「近代」――科学人類学は警告する』（川村久美子訳、新評論、2008年）、『法が作られているとき――近代行政裁判の人類学的考察』（堀口真司訳、水声社、2017年）などがある。

訳者　荒金直人（あらかね なおと）
1969年生まれ。慶應義塾大学理工学部准教授。2003年、ニース・ソフィア・アンティポリス大学（フランス）文学・芸術・人文科学部哲学専攻博士課程修了、博士号(哲学)取得。著書に『写真の存在論――ロラン・バルト『明るい部屋』の思想』（慶應義塾大学出版局）、訳書にジャック・デリダ『フッサール哲学における発生の問題』（共訳、みすず書房）、ジャック・デリダ『獣と主権者II』（共訳、白水社）などがある。

近代の〈物神事実〉崇拝について
――ならびに「聖像衝突」

2017年9月15日　第1刷発行
2021年6月15日　第3刷発行

著　者　ブリュノ・ラトゥール

訳　者　荒金直人

発行者　大　野　真

発行所　以　文　社

〒101-0051 東京都千代田区神田神保町2-12
TEL 03-6272-6536　FAX 03-6272-6538
http://www.ibunsha.co.jp/
印刷・製本：中央精版印刷

ISBN978-4-7531-0342-3

——既刊書より

具体性の哲学——ホワイトヘッドの知恵・生命・科学への思考
ホワイトヘッド哲学を、その中心に響きわたる〈抱握〉という視座のもとに〈具体的であること〉の哲学を読解。生命力溢れる具体的なものの哲学を提唱する。
森　元斎 著　　四六判 320 頁　本体価格：2600 円

主体の論理・概念の倫理
——二〇世紀フランスのエピステモロジーとスピノザ主義
コギトなき哲学の源流　フランスでの〈スピノザ集団〉、『分析手帖』、「概念の哲学」の系図をたどって、エピステモロジーに伏流するスピノザの意味を探る。
上野修・米虫正巳・近藤和敬 編　　A 5 判 488 頁　本体価格：4600 円

複数性のエコロジー——人間《ノン・ヒューマン》ならざるものの環境哲学
現代人が感じる生きづらさとは？　エコロジー思想を刷新するＴ・モートンとの対話を通じて辿り着いたヒト・モノを含む他者との結びつきの環境哲学。
篠原雅武 著　　四六判 320 頁　本体価格：2600 円

VOL 05　特集　エピステモロジー ——知の未来のために
新たな現実からの予測不可能な問いに身を捧げ、次代の知の探究へ、そしてエピステモロジーの冒険へ！　Ｂ・ラトゥールの論文「〈社会的なもの〉の終焉——アクターネットワーク理論とガブリエル・タルド」掲載！
VOL Collective 編　責任編集＝金森修・近藤和敬・森元斎　本体価格 2400 円